T0000545

El cliente es quien define la venta:

A las personas no les gusta que les vendan, pero les encanta comprar.

"Si me compras, ganaré mucho dinero. Cuando gaste ese dinero, la economía crecerá. Cuando la economía crezca, conseguirás más clientes. ¡Mi avaricia es lo mejor que te puede pasar!".

EL PEQUEÑO LIBRO ROJO DE LAS VENTAS

de Jeffrey Gitomer

Los 12,5 principios de la grandeza en las ventas

Cómo realizar ventas PARA SIEMPRE

Buy Wisdom

West Palm Beach Nueva York Filadelfia a Charlotte Paris Berlin

EL PEQUEÑO LIBRO ROJO DE LAS VENTAS

Copyright © 2005, 2023 por Jeffrey Gitomer. Todos los derechos reservados.
Excelentes caricaturas de Randy Glasbergen © 2005. www.glasbergen.com

Publicado por Buy Wisdom, Charlotte, NC 704-333-1112, www.gitomer.com
Distribuido en exclusiva por Sound Wisdom, 717-530-2122,

info@soundwisdom.com

El permiso para reproducir o transmitir en cualquier forma o por cualquier medio, electrónico o mecánico, incluyendo fotocopia y grabación, o por cualquier sistema de almacenamiento y recuperación de información, debe obtenerse por escrito del autor, Jeffrey Gitomer.

El pequeño libro rojo de las venta es una marca registrada de Jeffrey Gitomer.

Para solicitar ejemplares adicionales de este título, póngase en contacto con su librería local o llame al 717-530-2122.
Puede ponerse en contacto con el autor en la siguiente dirección:

Buy Wisdom
310 Arlington Ave., Loft 329
Charlotte, NC 28203
Teléfono 704-333-1112
Correo electrónico: salesman@gitomer.com
Páginas web: www.gitomer.com
Editado por Jennifer Gitomer.
Diseño de página: Greg Russell y Mike Wolff.
Diseño de portada: Mike Sakoonserksadee.
Gráficos de portada: Dave Pinksi,
Fotografía de Mitchell Kearney.
Impreso en China por RR Donnelley.

Library of Congress -in publication data:

Gitomer, Jeffrey H.
El pequeño libro rojo de las ventas de Jeffrey Gitomer :
Los 12,5 principios de la grandeza en las ventas:
Cómo hacer ventas para siempre / Jeffrey Gitomer
p. cm.

ISBN 13: 978-0-9828316-1-8
ISBN ebook:978-0-9828316-2-5
1. Vender. 2. Redes empresariales. 3. Lealtad de los clientes. 4. Relaciones con los clientes. II Título

Si les caes bien,
y creen en ti,
y confían en ti,
y se fían de ti...
entonces *QUIZÁ*
te compren.

Jeffrey Gitomer

A las personas no les
gusta que les vendan...

...¡pero les encanta
comprar!

"Por qué compran"
Una respuesta que todo vendedor necesita.

"¿Por qué compra la gente?" es mil veces más importante que "¿Cómo vendo?". No, permíteme corregir eso... es un millón de veces más importante que "¿Cómo vendo?". No, permíteme corregir eso... es mil millones de veces más importante que "¿Cómo vendo?". ¿Captas lo que digo?

Acabo de pasar tres días en nuestro estudio entrevistando a los clientes de mis clientes, preguntándoles "por qué compran". Y las respuestas son una combinación de sentido común, información asombrosa, asuntos pasados por alto y oportunidades increíbles.

Nunca deja de sorprenderme que las empresas gasten miles de horas y millones de dólares enseñando a la gente "cómo vender" y ni un minuto ni diez dólares en "por qué compran". Y "por qué compran" es lo único que importa.

Puede que pienses que sabes por qué compran, pero probablemente no haces nada al respecto. ¿La prueba? Permíteme compartir contigo las primeras señales de advertencia que comprueban que quizá no tengas ni idea de por qué compran.

1. Recibes objeciones sobre el precio.

2. Tienes que enviar ofertas o propuestas.

3. Afirman estar satisfechos con su proveedor actual.

4. Nadie te devuelve tu llamada.

4,5. Te quejas de que la economía es lenta.

Si estas te suenan, puede que pertenezcas al gran club. Voy a presentar una colección de elementos que explican por qué compran los clientes. No están en ningún orden en particular, pero son razones válidas que me fueron dadas directamente de la boca de clientes de todo tipo de negocios.

1. Me cae bien mi representante de ventas.

TOMA NOTA: Caer bien es el elemento más poderoso en una relación de ventas. El otro día recibí una cita de alguien que decía ser un experto en ventas. Empezó diciendo: "No tienes que agradarle a tu cliente, pero sí tiene que confiar en ti". Qué idiota. ¿Te imaginas al director general de la empresa, al tomar una decisión de compra, diciendo: "Confiaba en ese tipo, pero para nada me agradaba"? La simpatía lleva a la confianza. La confianza lleva a la compra. La compra lleva a la relación. Ese no es el ciclo de vida, es el ciclo de vida de las ventas.

2. Entiendo lo que estoy comprando.

3. Percibo una diferencia en la persona y la empresa a la que le estoy comprando.

4. Percibo un valor en el producto que estoy comprando.

5. Le creo a mi representante de ventas.

6. Tengo confianza en mi vendedor.

7. Confío en mi representante.

8. Me siento cómodo con mi representante.

9. Siento que mis necesidades y su producto o servicio encajan.

10. El precio me parece justo, pero no es necesariamente el más bajo.

11. Percibo que este producto o servicio aumentará mi productividad.

12. Percibo que este producto o servicio aumentará mis ganancias.

12,5. Percibo que mi vendedor está intentando ayudarme a montar mi negocio para asegurar el suyo. Mi vendedor es un recurso valioso para mí.

Así que existen algunas cuantas razones para que te pongas a pensar. Si descubres las tuyas, vender será pan comido.

Vamos, hazlo, ¡ahora!

"Jeffrey", te quejas, "¡Dime cómo!".

Bien, esto es lo que hay que hacer.

1. Llama a seis de tus mejores clientes.

2. Invítalos a un seminario sobre cómo levantar SU negocio.

3. Ofréceles UNA BUENA comida.

4. Diles que también incluye 15-20 minutos de preguntas que quieres hacerles sobre cómo fortalecer la relación mutua.

5. Formula seis preguntas acerca de cómo satisfaces sus necesidades y qué buscan en un proveedor/socio.

6. GRABA la sesión. Lo mejor es el vídeo, pero el audio también sirve. Después, escucha la grabación 100 veces.

Te he dado algunas respuestas en cuanto a por qué compran los clientes. Pero la pregunta más importante es: ¿Por qué compran TUS clientes? ¿Crees que lo sabes? ¿Quieres que te dé una cachetada fría?
¡NI SIQUIERA LES HAS PREGUNTADO!

Me sorprende que esta respuesta sea tan obvia, pero tan pasada por alto.

Bit rojo gratis: ¿Quieres una lista de preguntas en cuanto a "por qué compran" que puedes hacer? He recopilado una lista de unas cuantas preguntas que te ayudará a empezar la sesión. Visita www.gitomer.com/redbook, descarga *The Very Little Book of Red Bits* y busca WHY THEY BUY.

Vender es vomitar.
Tu cliente quiere comprar.
¿Tienes una lista suculenta de clientes potenciales?
¿Suculenta para quién?
¿A cuántos les interesas tú?
Apuesto a que es una lista (mucho) más pequeña.

El pequeño libro ROJO de las ventas
Tabla de contenido

Entendiendo las ventas rojas

Los 12,5 Principios de Ventas

Más pensamientos de VENTAS ROJAS

Estrategias al final que te ayudarán a ganar desde el principio

La historia de El pequeño libro rojo

En 1995, durante un seminario en Dallas, Ray Bard, quien publicaba libros, se acercó a mí. Quería que escribiera un libro a través de su empresa. Le propuse el título "La satisfacción del cliente no vale nada" y él me contestó: "La fidelidad del cliente no tiene precio". Acepté en el acto. El libro (aún en imprenta) se publicó en 1998.

En mayo de 2002 (cuando yo tenía 56 años) volví a encontrarme con Ray en un pequeño restaurante de Austin. "Sabes que Harvey Penick escribió *El pequeño libro rojo del golf* y vendió 1,5 millones de ejemplares", me dijo. "Creo que podrías escribir *El pequeño libro rojo de las ventas* y vender más que él".

Me encantó la idea e inmediatamente tomé una servilleta... "El pequeño libro rojo des la ventas. Los 12,5 principios rojos del éxito en las ventas. Cómo hacer ventas para siempre". La idea me apasionó. Escribí los posibles títulos de los capítulos en la servilleta; escribí: "Exígete a ti mismo, Prepárate para ganar, Si puedes hacerles reír, puedes hacer te que compren, Networking, Creatividad, pruebas y reducción de riesgos". E inmediatamente di en el clavo con el capítulo 12,5: "Renuncia a tu puesto de director general del universo". Ray estaba sonriendo. Y yo también.

Le conté a Ray que tenía en casa un libro de viajes que me había regalado mi amigo Mitchell Kearney, titulado *Paris Out of Hand*. Estaba encuadernado en tela roja con una pequeña imagen invertida de la Torre Eiffel, y tenía un marca páginas de libro de cordón rojo. Las páginas eran brillantes y estaban impresas en papel grueso.

En ese momento tuve una visión exacta de cómo sería mi Pequeño libro rojo.

Acordamos terminar el libro lo antes posible y volé de vuelta a Charlotte. Ray me llamaba todos los meses para ver cómo avanzaba. Me inventé todas las excusas posibles para no tenerlo terminado. Lo dejé para más tarde porque estaba "ocupado".

Dos años después llegó el libro (todo tarda más de lo previsto). Una caja de DHL de un día para otro de ejemplares de El pequeños libros rojo. Abrí la caja y empecé a llorar. En ese momento supe que tenía un libro y una marca.

Las ventas se dispararon de inmediato. Apareció en todas las listas de libros más vendidos... New York Times, Business Week, USA Today, y alcanzó el número 1 en Amazon. El *pequeño libro rojo de las ventas* se mantuvo en la lista de los libros más vendidos del Wall Street Journal durante 103 semanas consecutivas. Ganó el premio del libro del año de Independent Publishers, ganó el premio del libro empresarial del año. Lo mismo con el audiolibro.

¿Por qué te cuento esto? Aprendí algunas lecciones muy valiosas completando este libro... Lecciones que puedes utilizar ahora mismo. Lecciones que puedes llevar al banco...yo lo hice.

Hay 3,5 razones por las que este libro se ha vendido y perdurado...

1. El libro no trata solo de vender, sino más bien de por qué la gente compra.

2. El libro tiene contenido atemporal, relevante y de uso inmediato.

3. El libro combina ideas de venta y habilidades para la vida.

3,5. El libro es divertido, ameno y fácil de leer (con la ayuda de de otros)—gracias al increíble humor de Randy Glassbergen ("que en paz descanse")—y al increíble diseño de Greg Russell.

El pequeño libro rojo de las ventas **se ha convertido en un clásico porque:**

- **Yo estaba abierto.** Sé receptivo a las ideas de otras personas a las que respetas y expándelas inmediatamente. Presiona el botón positivo antes de descartar lo que podría ser la oportunidad de tu vida

- **Creí.** Creer en ti mismo es tan importante como que los demás crean en ti. Siempre he creído en mí mismo, pero la idea de Ray hizo que el proyecto fuera convincente. Tu edad no importa. Cree que puedes lograrlo.

- **Yo estaba ocupado.** No estés "demasiado ocupado" para cumplir un compromiso. Avanza un poco a la vez. Recurre a la ayuda de otros. Recurrí a una editorial, un diseñador y editores para que me presionaran.

- **Vivo maravillado.** Pellízcate tantas veces como sea necesario. Cada semana compraba el Wall Street Journal y miraba la lista de los libros más vendidos.

¿Ahora qué?

- Si no está roto, no lo arregles: no voy a cambiar nada de este libro. Como cualquier clásico atemporal, se mantiene así gracias a su valioso contenido original y a su relevancia atemporal. *Piense y hágase rico* se publicó en 1937. Todos los derechos del autor han expirado. Cien personas han intentado "arreglarlo" actualizándolo. La versión original, con el lenguaje original, sigue superando en ventas a las demás por 100 a 1. Lo mismo ocurre con *Cómo ganar amigos e influir sobre las personas.*

- Expande tu producto a otras áreas de beneficio: busca The *Little Red Booklet of Sales Survival* y *The Little Red Journal of My Sales* (ambos solo en inglés).

- No tienes que ser humilde, pero TIENES que ser agradecido... a los individuos. No des las gracias a "los miembros de la academia", dáselas a cada uno por su nombre.

Los banqueros no tienen agallas. Me llevó un año y un millón de dólares de mi línea de crédito (que empezó en 250.000) antes de que el dinero empezara a fluir. Mi banquero (anónimo) llamaba todos los días, muerto de miedo, mientras el libro seguía apareciendo en las listas de los más vendidos. LECCIÓN: Los banqueros solo creen en el dinero y en el reembolso, no en las personas.

Nota del autor: Este libro ocurre en 2002-2003. No es solo un libro acerca de la venta, es acerca de por qué la gente compra y es un libro acerca de la vida. Si ves una palabra anticuada, no te compliques. LECCIÓN: Si algo no es relevante hoy, piensa en lo que SÍ lo es y aplícalo. Concéntrate en el mensaje y en el significado que hay detrás, no en una palabra. Actúa en consecuencia. Millones lo han hecho.

Pásalo... Por favor, regala este libro a los vendedores y a las personas que estén pensando en dedicarse a las ventas. Les ayudará a creer en ellos mismos y en su producto o servicio. Los dos elementos más importantes para el éxito en las ventas.

Epílogo y obsequio: Para ti, lector y cliente, para ti, vendedor, para ti, líder de ventas y para ti, empresario, estate atento a más productos e ideas del "Libro rojo" que puedes convertir en dinero: visita Gitomer.com/redbook y consigue un ejemplar gratuito de *The Very Little Book of Red Bits* (solo en inglés) tu ejemplar con todos los aprendizajes adicionales que se ofrecen en este libro.

Jeffrey Gitomer

Vendiendo en la zona roja

No solo soy un experto en las ventas. Soy un vendedor que ha realizado ventas por valor de millones de dólares y que ha seguido estudiando las ventas. Además, ¿quién quiere ser solo UN experto cuando puede ser EL experto?

En este *Pequeño libro rojo de las ventas*, tendrás la oportunidad de entender por qué se producen las ventas. Y al dominar los elementos que te doy, hará que las ventas sucedan para ti ... para siempre. La diferencia entre el éxito y la mediocridad es la filosofía. La mayoría de los vendedores piensan en el fin de mes. Pero tú tienes que empezar a pensar en **el fin de los tiempos.** Así es como pienso yo.

Si piensas en el fin del tiempo, cada vez que te encuentres en una situación de venta, la venta siempre será a largo plazo, impulsada por las relaciones y orientada a las referencias. Y no tiene nada que ver con la manipulación de ventas u otras tácticas sucias. Eso ha dado mala reputación a los verdaderos vendedores.

El Pequeño libro rojo de las ventas también podría titularse *El Pequeño libro rojo de las compras.* La sutil diferencia en las ventas entre los que tienen éxito y los que no lo tienen es la diferencia entre intentar vender lo que uno tiene y crear la atmósfera en la que el cliente potencial comprará lo que uno tiene. *A la gente no le gusta que le vendan, pero le encanta comprar* se ha convertido para mí en algo más que una marca registrada: es mi mantra. Y a lo largo de este libro debes empezar a adoptar una filosofía que te lleve a un propósito más elevado, impulsado por los valores y beneficiosa.

De acuerdo, lo sé. Suena a profesor de universidad. Incluso suena poco realista a primera vista. Pero ten en cuenta que yo me crié en Nueva Jersey, fui a la universidad en Filadelfia, tuve negocios en el área metropolitana de Filadelfia y vendí ropa en Manhattan durante cinco años —con éxito— sin dar un solo soborno (a pesar de que TODOS esperaban uno o lo pedían).

En todas mis batallas de ventas, tanto victoriosas como las que llevaron a la derrota total, he aprendido lecciones que valen millones de dolares y que tu recibiras en este Libro rojo por unos 20 dolares.

En vez de pensar
en *fin de mes,*
comienza a pensar
en el *fin de los tiempos.*

He aquí cómo aprovechar la
información de oro que contiene
El pequeño libro rojo de las ventas
y transferirla a tu éxito en las ventas.

Te daré el oro en **pequeños trozos.**

Puedes **absorber las pepitas** en cualquier
lugar, en cualquier momento.

Puedes ponerlas en práctica
en el mismo momento en que las
aprendes.

También habrá todos los productos auxiliares imaginables para
ayudarte a comprender mejor las ventas y por qué la gente compra.
Puedes obtener material educativo adicional, tarjetas, vídeos, libros
y folletos, lo que quieras, para ayudarte a entender, implementar y
ejecutar las estrategias de venta más poderosas que conozco.

Si no puedes usar estas estrategias para fomentartu éxito, es mi
más alta recomendación que salgas de las ventas tan pronto como
puedas.

Si las dominas e implementas una habilidad por día en tu vida, y en
tu vida de ventas, al final de un año serás un experto. Un experto
con una cuenta bancaria más grande.

Nota a los lectores: Este libro contiene lenguaje utilizado por personas reales en situaciones reales de ventas. No he editado este libro para que sea políticamente correcto (soy hombre y tiendo a hablar en masculino), ni lo he editado para que se ajuste a las situaciones reales de venta a las que me enfrento cada día.

He eliminado una sola cosa: toda la basura.

Si algo de esto es ofensivo para ti, sal de las ventas tan pronto como puedas y consigue un buen trabajo seguro en alguna gran empresa donde puedas quejarte todo el día de tu bajo salario.

Pero si quieres tener el éxito en ventas con el que sueñas, y al final sentirte realizado porque lo hiciste "a tu manera", entonces este es un libro que debes comprar inmediatamente, leer dos veces, estudiar, poner en práctica tan pronto como puedas, y consultar todos los días.

Si quieres tener tu pastel y comértelo también, entonces te garantizo que este libro es para ti.

Jeffrey Gitomer

Pasa la página...

El pequeño libro *ROJO* de las ventas *NO* trata solo de cómo hacer una venta. *Trata de cómo hacer ventas ¡PARA SIEMPRE!*

Cómo leer este libro.

Cómo implementar estos principios.

¡Cómo usar los principios de este libro para tener éxito!

Este libro es *ROJO.* Se hará hincapié en áreas clave y las reconocerás porque son rojas. Pero entiende que cada palabra es importante, no solo las palabras rojas.

Este libro se tiene que *LEER.* Para que puedas sacar el máximo provecho de este libro, debes de hecho leer cada palabra. Me he esforzado mucho por eliminar toda la palabrería. Lo que encontrarás aquí es todo carne roja.

Este libro se tiene que *RELEER.* Cuando te enfrentes a las ventas del mundo real, encontrarás aplicaciones para cada uno de estos principios. Hice el libro pequeño para que puedas llevarlo contigo y usar los principios según se requieran, en cada situación de venta que enfrentes. Cuanto más lleves el libro contigo, más ventas conseguirás.

Este libro es *MARGINAL.* En los márgenes encontrarás todas las "quejas de ventas", que nosotros llamamos quejas rojas, que hayas pronunciado alguna vez. Y puede que incluso algunas que no sabías que existían. La buena noticia es que he respondido a cada uno de ellos. Cuando termines de leer este libro, no tendrás que volver a oír las palabras "deja de quejarte".

Debes estar al tanto de las *PEPITAS ROJAS.* Al final de cada principio hay varios fragmentos de información que te ayudarán a entender el principio de forma que puedas utilizarlo.

Ve y consigue el *BIT ROJO.* En mi sitio web www.gitomer.com/redbook encontrarás más información valiosa. La puse allí para que realmente tengas que tomar una acción a tu propio favor. Hay más oro rojo en mi sitio web. Todo lo que tienes que hacer es acudir allí y extraerlo. Es gratis.

Este libro es *DINERO.* Tu dinero. A medida que estudies estos principios, tus ventas aumentarán. A medida que implementes estos principios, tus ventas comenzarán a despegar. A medida que domines estos principios, tus ventas se dispararán.

Pasa la página...

¿Por qué es *ROJO* este libro?

El *ROJO* es el color de la *pasión*.
La pasión es el punto de apoyo de la venta.
Sin pasión, no hay ventas.

El *ROJO* es el color del *amor*.
Si no amas lo que vendes,
vete a vender otra cosa.

El *ROJO* es el color *más brillante*.
Tienes que ser brillante a fin de convertir la venta en la
compra.

El *ROJO* es el color más *visible*.
Tienes que ser visible para tus clientes
con un mensaje de valor, no solo un argumento de venta.

Y el *ROJO* es *fuego*.
Si no estás ardiendo, perderás
ante alguien que sí lo esté.

Todos estos atributos del *ROJO* deben estar presentes en un
vendedor como base fundamental del éxito. Si no te encanta, si no
te apasiona, si no estás ardiendo, vas a perder la venta a alguien que
sí lo está. *El pequeño libro rojo de las ventas* es *ROJO* por una razón.
No son solo los principios, no son solo las pepitas *ROJAS*, no son
solo los bits *ROJOS*, no son solo las quejas *ROJAS*; es el amor por lo
que haces. Tu pasión por la excelencia te llevará al dominio de los
Pequeños principios rojos de las ventas.

¿Cuál es la mejor manera de leer este libro? **_Lentamente._**

¿Cuál es la mejor manera de dominar cada uno de estos principios?
Uno a la vez.

1. **Lee cada página dos veces.** Una vez para "captar" la idea. Dos veces para comprender la idea.

2. **Piensa en cómo se aplica a ti cada principio o idea.** Cómo vives, cómo piensas, cómo actúas, cómo reaccionas y cómo vendes.

3. **Estudia y pon en práctica una aplicación.** Uno de los secretos para llegar a ser un gran vendedor es aplicar y poner en práctica las técnicas y estrategias a medida que se aprenden. Leer no sirve de nada si no lo aplicas.

4. **Toma el teléfono y pruébalo.** Cuanto antes intentes aplicar lo que has aprendido, más pronto se convertirá en parte de tu propio proceso de dominio.

4,5. **No te quejes si no funciona inmediatamente**, y no me eches la culpa. Estos principios no solo funcionan; funcionan en el Noreste de los Estados Unidos, donde las personas se comen a sus crías.

He aquí el secreto. Sé tu propio Valentín. Puedes encontrar este secreto en la ilustración en color tan pronto como abras el libro. Busca el corazoncito rojo. ¿Lo ves? Mientras subes la escalera del éxito tienes que poner tu corazón en tu trabajo, y tienes que amar lo que haces. A primera vista, no parece un gran secreto, pero te prometo que es la diferencia entre subir la escalera y bajar la escalera.

¿Cuál es la diferencia entre el fracaso y el éxito en los vendedores?
¿Qué se necesita para tener éxito en las ventas?

¡Quiero ser un éxito! ¡Quiero ser un éxito!

No existe una solución rápida, una varita mágica o una poción que te proporcione el éxito con el que sueñas. Entonces, ¿cuál es el secreto del éxito en las ventas? Bueno... no es un solo secreto... es una fórmula secreta. Hay una serie de 18,5 principios, estrategias y acciones que te llevarán al éxito.

OK, OK, los *Secretos del éxito en ventas* no son verdaderos secretos; son pasos fundamentales que los vendedores y empresarios exitosos han estado ejecutando durante siglos. Son atributos que tienen en común los triunfadores. *Aquí están los 18,5 Secretos del Éxito: (Y lo que es más importante, ¿tienes dominio de cada una de estas características?)*

1. Cree que puedes. Ten la postura mental para el éxito. Cree que eres capaz de conseguirlo. Esta creencia debe extenderse a todo tu producto y a tu empresa. Un sistema de creencias sólido parece obvio, pero pocas personas lo poseen. Demasiados vendedores miran hacia fuera (el dinero que pueden ganar) en lugar de mirar hacia dentro (el dinero que pueden ganar). Creer que eres el mejor y que eres capaz de obtener logros es lo más difícil de hacer. Requiere una dedicación diaria al autoapoyo, el autoaliento y a hablar positivamente contigo mismo. *¿Cuánto crees en ti?*

2. Cree el entorno. Un entorno familiar y laboral adecuado te animará. Un cónyuge, unos familiares y unos compañeros de trabajo que te apoyen harán que el camino hacia el éxito sea más fácil. De ti depende crearlo. *¿En qué medida favorece tu entorno la actitud y el éxito?*

3. Ten las asociaciones correctas. Rodéate de las personas correctas. Otras personas de éxito. Establece contactos con tus mejores clientes y clientes potenciales. Únete a las asociaciones correctas. Haz los amigos correctos. Aléjate de personas venenosas; las que parecen no poder llegar a ningún lado. Ten un mentor o tres. ¿Con quién te juntas? Eso probablemente llegarás a ser. *¿Cuánto éxito tienen las personas con las que te relacionas?*

4. Exponte a lo que es nuevo. Si no estás aprendiendo cada día, tu competencia sí. La información nueva es esencial para el éxito (a menos que seas como la mayoría de los vendedores, que ya lo saben todo...qué afortunado. *¿Cuánto tiempo dedicas cada día a aprender algo nuevo?*

5. Planifica el día. Como no sabes qué día llegará el éxito, más te vale estar preparado cada día. Prepárate con educación. Planifica con metas y los detalles para su consecución. El aprendizaje y las metas son los métodos más seguros para estar preparado para el éxito. *¿Tienes tus planes y metas delante de tus narices todos los días?*

6. Conviértete en alguien valioso. Cuanto más valioso te vuelvas, más te recompensará el mercado. Da primero. Date a conocer como un recurso, no como un vendedor. Tu valor está ligado a tus conocimientos y a tu voluntad de ayudar a los demás. *¿Cuán valioso eres para los demás?*

7. Ten las respuestas que necesitan tus clientes y clientes potenciales. Cuanto más sepas resolver problemas, más fácil te resultará el camino hacia el éxito en las ventas. Los clientes potenciales no quieren datos, quieren respuestas. Para tener esas respuestas, debes tener un conocimiento superior sobre lo que haces y poder explicarlo en términos de cómo el prospecto usa lo que haces. *¿Qué tan buenas son tus respuestas?*

8. Reconoce las oportunidades. Mantente alerta ante las situaciones que pueden crear oportunidades de éxito. La clave poco conocida es adoptar y mantener una actitud positiva. La actitud te permite ver las posibilidades cuando se presenta una oportunidad, porque a menudo aparece en forma de adversidad. *¿Qué tan bien detectas las oportunidades?*

9. Aprovecha la oportunidad. Primero, reconócela (a menudo aparece disfrazada en forma de adversidad). En segundo lugar, actúa en consecuencia. La oportunidad es elusiva. Existe por todas partes, pero muy pocos pueden verla. Algunas personas la temen porque implica un cambio; la mayoría no se creen capaces de lograrla. *¿Aprovechas la oportunidad?*

10. Acepta tu responsabilidad. Todos culpamos a los demás en cierta medida. La culpa está ligada al éxito en proporción inversa. Cuanto menor sea tu grado de culpar, mayor será tu éxito. Haz el trabajo tú mismo pase lo que pase. Culpar por cosas insignificantes es rampante y la mayor pérdida de tiempo. No culpes a los demás ni a ti mismo. Acepta la responsabilidad de tus actos y decisiones. Culpar a los demás es fácil, pero conduce a la mediocridad. Las personas de éxito asumen la responsabilidad de todo lo que hacen y de todo lo que les ocurre. *¿Culpas o aceptas la responsabilidad de tus acciones?*

11. Actúa. "Simplemente hazlo" (*Just do it!*) fue la expresión de los años 90. Las acciones son la única forma de unir planes y metas con logros. Nada ocurre hasta que haces algo para que ocurra, todos los días. *¿Eres acción o hablas mucho, pero sin acción?*

12. Comete errores. El mejor maestro es el fracaso. Es el más cruel de los despertares, y el caldo de cultivo de la autodeterminación. No pienses en ellos como errores, sino como experiencias de aprendizaje que no deben repetirse. *¿Hasta qué punto estás dispuesto a cometer errores?*

13. Sé dispuesto a tomar riesgos. Este es el factor más crucial. Sin riesgo, no hay recompensa es el mayor eufemismo del mundo empresarial. Debería decirse: sin riesgo no hay nada. Tomar riesgos es un rasgo común de todas las personas de éxito. Si no hay riesgo, no hay recompensa, dice el refrán, y es cierto. La mayoría de las personas no se arriesgan porque creen que temen lo desconocido. La verdadera razón por la que las personas no toman riesgos es que carecen de la preparación y la educación necesarias para generar la confianza en sí mismas (creer en sí mismas) que les permita arriesgarse. El riesgo es la base del éxito. Si quieres triunfar, más te vale estar dispuesto a arriesgar lo que hace falta para conseguirlo. *¿Hasta qué punto estás dispuesto a tomar riesgos?*

14. No pierdas de vista el premio. Fija tus metas. Mantente centrado en tus sueños y se harán realidad. Demasiadas distracciones tontas te desviarán del camino. *¿Qué tan enfocado está tu esfuerzo por alcanzar el éxito? ¿Tan enfocado como tu esfuerzo por el juego?*

15. Equilíbrate. Tu salud física, espiritual y emocional son vitales para tu búsqueda del éxito. Planifica tu tiempo para que tus metas personales tengan sinergia con tus metas laborales. *¿Hasta qué punto estás equilibrado?*

16. Invierte, no gastes. Debe haber una diferencia del 10-20% entre lo que ganas y lo que gastas. Reduce tus tarjetas de crédito a la mitad y haz algunas inversiones, con asesoramiento profesional. *¿Inviertes en ti mismo cada mes?*

17. Persevera hasta que ganes. La mayoría de la gente fracasa porque desisten demasiado pronto. No dejes que eso te ocurra a ti. Haz un plan y comprométete a llevarlo a cabo, pase lo que pase. No tires la toalla en la línea de diez yardas. Haz lo que sea necesario para marcar. *¿Cuántos proyectos abandonas antes de completarlos?*

18. Desarrolla y mantén una actitud positiva. Sorprendentemente esta no es una característica común. Cuando muchos llegan a la cumbre, ya han desarrollado un cinismo irreversible. Pero una actitud positiva hace que alcanzar el éxito sea mucho más fácil... y divertido. *¿Hasta qué punto es positiva tu actitud?*

18,5. Ignora a los idiotas y fanáticos. También conocidos como vomitones, estas personas intentarán aguarte la fiesta (desanimarte) porque no tienen su propia fiesta. Evítalos a toda costa.

Ves, te lo dije... nada de revelaciones. Bien, si estas características parecen tan sencillas, ¿cómo es que son tan difíciles de dominar? Respuesta: tu falta de autodisciplina personal y de dedicación al aprendizaje permanente. Ah, sí, eso.

Siempre me sorprende y me decepciona el escaso número de personas dispuestas a poner en práctica la sencilla autodisciplina diaria necesaria para alcanzar mayores niveles de éxito. Saben que les traerá el éxito con el que sueñan, sin embargo, no lo ejecutan.

En las ventas, o en cualquier esfuerzo empresarial o posición profesional, la persona que saldrá victoriosa la mayoría de las veces es la que más lo desea. La victoria no siempre es para el más veloz (liebre contra tortuga), la victoria no siempre es para el más poderoso (David contra Goliat), y la victoria no siempre es para el más barato (Yugo contra Mercedes).

La victoria que llamamos éxito es para la persona mejor preparada, que cree en sí misma, que se asocia con la gente correcta, autodidacta y responsable, que ve la oportunidad y está dispuesta a correr el riesgo de aprovecharla; a veces es un gran riesgo. ¿Eres tú?

Ahí está el secreto, y no es muy complicado. No es física nuclear ni cirugía cerebral. Y ahora que lo he compartido con miles de personas, uno pensaría que habría un aumento en la proporción de vendedores exitosos. Pues no.

La razón por la que la fórmula del éxito se considera un secreto es que sigue siendo un enigma. Parece que hay muy pocas personas dispuestas a esforzarse para llegar de donde están a donde quieren estar. La mayoría pone excusas y culpa a los demás de sus malas decisiones.

El mayor secreto (y el mayor obstáculo) para el éxito eres tú. La fórmula está ahí para que todos la conozcan, PERO hay una gran diferencia entre saber qué hacer y hacerlo.

Ahora que conoces la diferencia, ¿por qué algunos de ustedes siguen fracasando?

Las respuestas están en este libro.
Pero como dice mi amigo Harvey Mackay,
"No leas este libro. ¡Estúdialo!".

¿Cuál es tu mayor temor... Hablar en público, el rechazo, o el fracaso?

Se dice que hablar en público (hacer una presentación ante un grupo) es un temor mayor que la muerte. Yo no lo creo. Creo que si alguien te pusiera una pistola en la cabeza y te dijera habla en público o muere... encontrarías dentro de ti esa oratoria perdida de William Jennings Bryan.

Muchos vendedores temen hacer presentaciones de ventas. Pero, con creces, el mayor temor que tienen los vendedores es el temor al fracaso. Tiene un primo: el temor al rechazo. El rechazo es el camino hacia el fracaso si lo temes. Aunque el fracaso en sí es real, el temor a él es una condición de la mente.

La legendaria cinta de Earl Nightingale "El secreto más extraño" dice: "Te conviertes en lo que piensas". Si eso es cierto, ¿por qué no todo el mundo piensa en el "éxito"? La respuesta es una combinación de a qué nos exponemos y cómo nos condicionamos.

Vivimos en un mundo de condicionamientos negativos. Los tres grandes motivadores son... el temor, la codicia y la vanidad. Ellos dirigen el proceso de ventas estadounidense... y dirigen al vendedor estadounidense.

Nuestra sociedad se aprovecha del temor. Está en el 50% de los anuncios que vemos (el resto son de codicia o vanidad). Anuncios sobre seguros de vida por fallecimiento e invalidez, tarjetas de crédito robadas, anticongelantes para automóviles parados, neumáticos que se aferran a la carretera bajo la lluvia, frenos que se detienen para evitar atropellar a un niño en bicicleta y sistemas de seguridad para que no roben en tu casa. Si ves esa basura lo suficiente, te "condicionas al miedo".

Se nos recuerda constantemente que debemos siempre llevar un espray de defensa personal, tener una alarma antirrobo y asegurarnos de contar con un aparato que impide el uso del volante. Para empeorar las cosas, ahora vemos policías en los cajeros automáticos, detectores de metales en las escuelas, y podemos confiar en las noticias locales para promulgar la tendencia. Se dedican a promover temas de miedo cada minuto que están al aire.

Una vez que la sociedad te infunde temor, es natural que lo lleves contigo al lugar de trabajo. Se transmuta en temor al fracaso. Este temor se intensifica en los lugares de trabajo con entornos hostiles. Jefes y directivos que amenazan, intimidan y ridiculizan.

En medio de todo esto luchamos por el éxito. Y aunque pensemos que tememos el fracaso, o al menos que no lo queremos a nuestro alrededor, todos nos enfrentamos a él de una forma u otra todos los días. Todo el mundo fracasa. Pero el fracaso es relativo. Su medida es subjetiva. Sobre todo ocurre en tu mente. Si cambias "he fracasado" por "he aprendido lo que no hay que volver a hacer", la mentalidad es completamente distinta. El estatus del fracaso depende de ti.

A lo largo de los años de fracasos, he desarrollado una gran forma de verlos (mucha práctica). Aprendo de ellos o los ignoro.

Thomas Edison fracasó 6.000 veces antes de la bombilla, Donald
Trump tuvo fracasos monumentales en su camino a la cumbre,
Mike Schmidt, tercera base de los Filis de Filadelfia, fracasó en
el plato (al bate) dos de cada tres veces durante 20 años, y fue
incluido en el salón de la fama del béisbol como uno de los mejores
jugadores de béisbol de todos los tiempos. ¿Eran estos hombres
unos fracasados? ¿Tenían temor al fracaso?

Hay grados de fracaso en las ventas.
He aquí algunos externos:

- **Fracasar en prepararse**
- **Fracasar en hacer contactos**
- **Fracasar en realizar una venta**
- **Fracasar en alcanzar una cuota**
- **Fracasar en mantener un empleo**

Los temores externos conducen a temores internos: temores
basados en lo que ocurre cuando fracasas o estás a punto de
fracasar. Tu reacción al temor interno determina tu destino. No es
lo que te ocurre, sino lo que haces con lo que te ocurre. *Estas son*
cinco reacciones típicas ante el rechazo o el fracaso:

1. **Maldecirlo.**
2. **Negarlo (una manera amable de decir mentir acerca de ello).**
3. **Evitarlo.**
4. **Hacer un pretexto acerca de ello.**
5. **Culpar a otros (lo más fácil).**
6. **Abandonar o dejar de hacerlo.**

El fracaso en realidad solo ocurre cuando decides dear de hacer algo. Eliges tus resultados. *Aquí hay unas cuantas cosas sencillas que puedes hacer para evitar llegar a la etapa de abandonar o dejar de hacer algo.*

- **Mira al fracaso como un evento, no una persona.**
- **Busca el porqué, y encuentra la solución. (Si miras al "no" con suficiente insistencia, te llevará al sí.)**
- **Pregúntate: ¿qué he aprendido? E intenta de nuevo.**
- **No te juntes desanimado con otros fracasos… ve y encuentra a una persona exitosa, y júntate con él.**

Aquí hay algunas cosas complicadas que puedes hacer para evitar llegar a la etapa de abandonar o dejar de hacer algo.

- **Crea un nuevo entorno.**
- **Cultiva nuevas asociaciones.**
- **Accede nueva información.**
- **Consigue una nueva mentalidad…crea nuevos pensamientos de fondo.**

Siempre es demasiado pronto abandonar o dejar de hacer algo.

¿Tienes temor de hablar, o temor del rechazo? ¿Cuál es el temor mayor? Cuando consideras las complicaciones y ramificaciones del fracaso, hacer un discurso ante 1.000 personas, en comparación, es como un paseo en el parque.

La información está aquí.

El desafío está planteado.

El resto depende de ti.

Puedo llevarte al agua,

pero no puedo empujar

tu cara en ella.

Tienes que beber

un vaso cada vez.

Y al final,

el agua se convertirá

en el mejor champán.

Y, en lugar de beberlo,

puedes brindar por ti mismo,

y simplemente sorber una copa de éxito.

Los 12,5 principios de la grandeza en las ventas

Cómo hacer ventas
para siempre

Principio 1

EXÍGETE A TI MISMO.

La filosofía de exigirte a ti mismo.

Auxilio, estoy fallando y no puedo lograr una venta

Pepitas 🧩 Rojas

- ¿Mal día o mala actitud?
- La filosofía impulsa la actitud.
- Desarrolla una actitud de ¡SI!.
- Celebra el esfuerzo, no la victoria.
- Sabes qué hacer; simplemente no lo haces.
- La administración del tiempo: ¿qué es importante ahora?
- Sé egoísta. Aprende para ti. Hazlo para ti. El egoísmo gana.

"Es una herramienta motivacional que inventé. Es parecida a la zanahora y el palo pero es más efectivo".

¡Exígete a ti mismo!

¿Alguna vez has tenido un mal día? ¿Alguna vez has perdido una venta que creías tener?

¿Alguna vez has estado de bajón? ¿Alguna vez te han rechazado 10 veces seguidas? ¿Alguna vez alguien te ha dicho que sí y tres días después se ha evaporado? ¿No logras hablar con ellos por teléfono? ¿No te devuelve las llamadas?

¿Cómo reaccionas y respondes a estas situaciones?

¿Tienes toda la capacitación en ventas que necesitas? ¿Ves la televisión por la noche cuando deberías estar leyendo libros de ventas o preparándote para la llamada de ventas del día siguiente? ¿Sales de "fiesta" en momentos en los que realmente no deberías hacerlo? ¿Llegas al trabajo "justo a tiempo" en lugar de hacer una llamada de ventas y una venta por la mañana?

Todo esto son síntomas. No problemas. Son síntomas de que no estás automotivado. De que no tienes iniciativa propia. Que no te responsabilizas por las ventas. Y que consideras tu puesto como un empleo, no como una carrera.

¿Quieres saber qué hacer al respecto? ¿Quieres saber cuál es la forma segura de asegurarte de que alcanzarás el éxito, el dinero, la satisfacción y la gratificación personal que conlleva una carrera de ventas?

Aquí está la respuesta...

¡Exígete a ti mismo!

O como se dije en inglés... "¡patea tu trasero!"
Nadie lo hará por ti. Nadie realmente quiere
ayudarte. Muy pocos te inspirarán. Y aún menos
se preocuparán por ti. La gente se preocupa de sí
misma. Igual que tú.

Los vendedores (no tú, por supuesto) tienden
a quejarse. Ventas lentas, llamadas que no se
devuelven, competencia a la baja, lo de siempre.
Lo mismo de lo que llevan quejándose cien
años. Si quieres una póliza de seguro para
tener éxito en la profesión de vendedor, será
mejor que te la emitas a ti mismo, la pagues tú
mismo, te nombres a ti mismo como titular de
la póliza y, al final, te nombres a ti mismo como
beneficiario.

QUEJA ROJA:

**No me
proveen
capacitación**

Después, ten el valor de firmar el documento y
comprométete contigo mismo.

No te quejes conmigo de que tu jefe es un
patán. No te quejes conmigo de que tu
cliente no te devuelve tu llamada. Estudia
cómo usar el correo de voz. No te quejes
conmigo de que tu compañía no te da una
computadora laptop. Las venden en las
tiendas de computadora. Ve y compra una.

Toma un momento ahora mismo y mira a
tu biblioteca de recursos de ventas. ¿Qué

clase de libros tienes, qué grabaciones tienes sobre los temas de las ventas, las habilidades de presentación, la actividad positiva, la creatividad y el humor que lees y a los que recurres cada día? Permíteme darte la respuesta. No los suficientes.

Independientemente de tus circunstancias de venta. Independientemente de tu éxito hasta el momento. Independientemente de tu empresa. Independientemente de tu jefe. Tú tienes la responsabilidad de alcanzar el éxito. Alcanzar el nivel de éxito que te has fijado. No una cuota. Para mí, las cuotas son un montón de mierda establecidas por la administración que no podría salir y alcanzar esas cuotas ellos mismos si sus vidas dependieran de ello.

Si eres un gran vendedor, debes alcanzar tu cuota en las dos primeras semanas del mes y empezar a ganar dinero de verdad en las dos últimas semanas. Tu jefe debe venir a preguntarte cómo lo haces. El presidente de la empresa debería llamarte por teléfono para felicitarte por tus éxitos.

Pero permíteme darte una gran pista. La única manera de que esto ocurra es con autoinspiración, autodeterminación y trabajo duro que empieza antes de que todo el mundo se levante y después de que todo el mundo se haya ido a dormir.

RESPUESTA ROJA DE VENTAS:
¡Capacítate tú mismo!

Exígete a ti mismo no es una declaración. Es un axioma.

Una regla inquebrantable que todo vendedor, tú incluido, debe seguir cada día. Tan pronto como puedas, llega a entender y comprender que nadie te va a entregar ningún grado de éxito. Eso es algo que te das a ti mismo. Hace veinticinco años yo estaba en la puerta de mi hotel en Chicago esperando a Mel Green, el director general de Advance Process Supply (mi cliente). Era febrero. La nieve estaba cayendo. Eran las cinco y media de la mañana. Después de descongelarme en el auto, Mel y yo empezamos a hablar de su último proyecto que, como de costumbre, pasó de ser una idea a convertirse en oro. ""Vaya, suerte que tienes", le dije. Me miró y me guiñó un ojo. "El trabajo duro hace la suerte", respondió.

QUEJA ROJA:

¡No me compran un laptop!

Esa sola expresión ha sido mi puerta de entrada a millones de dólares. Y puede ser la tuya.

No todos los seres humanos están de acuerdo con mi personalidad, mis filosofías o mi estilo, pero ningún humano puede decir que no trabajo duro.

El secreto que he encontrado en el axioma de "exígete a ti mismo" es que la mayoría de los vendedores no harán el trabajo duro que se necesita para que vender sea fácil.

Pero aquí está el mayor secreto: trabaja hasta que no puedas más. Todos los demás principios pueden llevarse al nivel más alto si trabajas al máximo. Trabajar al máximo conlleva a vender al máximo y vender al máximo conlleva a ganar dinero a lo máximo.

Bit 𝕏 rojo gratis: ¿Quieres mi biblioteca de lecturas recomendadas? Visita www.gitomer.com/redbook, descarga *The Very Little Book of Red Bits y busca SALES PILLS.* Y, como parte de mi compromiso contigo, te ofrezco una lección de capacitación gratuita. Solo tienes que ir a www.gitomer.com/redbook, y pulsa en la demostración gratuita. PERO tienes que tener acceso a Internet de alta velocidad para ver. Si no lo tienes, te sacarán ventaja los que sí lo tienen.

RESPUESTA ROJA DE VENTAS:

Hay laptops para la venta en la tiendas de computadoras.

Invierte en ti mismo.
Compra tu propio laptop.

¡Auxilio! Me han bajado las ventas ¡y no logro vender nada!

¿Te han bajado las ventas? No estás logrando suficientes ventas...o ninguna. ¿Te sientes incapaz de salir del atasco? ¿Es la economía o eres TÚ?

Tal vez no te hayan bajado tanto, pero parece que no consigues alcanzar las cuotas. Seamos amables y llamémoslo "bajo rendimiento en ventas".

Que no cunda el pánico.

No te presiones demasiado.

No te desanimes.

No te enfades.

Y, sobre todo, no tires la toalla.

QUEJA ROJA:

¡Mi jefe no me motiva!

Está bien, está bien, hay un poco de desaceleración, pero no te apresures a culpar tu falta de rendimiento a "eso" antes de fijarte bien en "ti".

Analiza detenidamente la "caída" antes de culpar a la "economía". Estas son las principales causas de las caídas en las ventas:

Sistema de creencias deficiente: *No creo que mi empresa o mi producto sean los mejores. No creo que yo sea el mejor.*

Malos hábitos de trabajo: *Llegar tarde al trabajo, o apenas "a tiempo". No pasar el tiempo con personas que pueden decir "sí".*

Percepciones erróneas que conducen a uvas agrias: *Creo que mis precios son demasiado altos, o mi territorio es malo.*

Presión externa: *Causada por problemas de dinero, familiares o personales.*

Malos hábitos personales: *Demasiada bebida, demasiada comida o demasiado juego fuera del horario laboral.*

Jefe que da problemas en lugar de apoyo: *Alguien que dice: "Más vale que lo hagas", en lugar de: "Sé que puedes hacerlo".*

Acontecimientos que van en tu contra: *Un nuevo vendedor te supera, otra persona es ascendido y tú sabías que deberías haber sido tú.*

Un cliente cancela un gran pedido: *Debilitando tu autoconfianza o causando graves problemas de dinero... o ambas cosas.*

Deprimirse *por cualquiera de las causas mencionadas arriba.*

RESPUESTA
ROJA DE
VENTAS:
Motívate a ti
mismo.

Cuando estás experimentando una caída en las ventas. empiezas a presionar para conseguir pedidos en vez de poner en práctica tu mejor plan de juego (que es: "vender para ayudar a la otra persona" y dejar que brille tu sinceridad de propósito). Cuando te presionan para que vendas, el cliente potencial lo nota y se echa atrás.

Entonces las cosas empeoran. Parece que no puedes vender en absoluto y empiezas a entrar en pánico. Dios mío, no puedo vender nada, me despedirán, no podré pagar la casa, no podré pagar las facturas... ¡Aaaahhhhhh! Temor falso. Relájate, eres mejor que eso.

¿Qué causa una caída? Tú. Por lo tanto, eres la mejor (única) persona para solucionarla. He aquí una receta para curar las ventas enfermas:

• **Estudia lo fundamental:** por lo general, lo que va mal no es complicado. De hecho, es probable que sepas lo que te pasa. Tu problema es que crees que es culpa de otra persona o cosa. Equivocado. Enumera dos o tres áreas que necesitan atención inmediata. Ten agallas para pasar a la acción.

• **Revisa tu plan de éxito** (o elabora uno nuevo): hoy mismo.

• **Haz una lista de 5 cosas que podrías hacer para trabajar de forma más inteligente y más dura.** Haz un plan para trabajar de forma tan inteligente como crees (o dices) que eres. El trabajo duro puede cambiar tu suerte.

• **Cambia tu presentación:** prueba un enfoque diferente. Adopta la perspectiva del cliente.

• **Habla con tus cinco mejores clientes:** pídeles que evalúen tu situación.

- **Pídele a alguien a quien respetas que evalúe tu presentación:** llévalo contigo a las visitas de ventas. Consigue un coach.

- **Visita a tu mentor:** Y ten un nuevo plan para discutir cuando llegues allí.

- **Llega al trabajo una hora antes que los demás**: dedica más tiempo a ser productivo.

- **Mantente alejado de las fiestas de "pobre de mi":** no empeores una caída quejándote o rodeándote de un grupo de personas negativas o que no rinden lo suficiente.

- **Acércate a gente positiva y de éxito:** la mejor forma de alcanzar el éxito.

- **Diviértete:** Ve al club cómico, haz un poco más de lo que más te gusta hacer (a menos que el exceso de diversión sea la causa de tu caída).

- **Dedica 30 minutos al día (por la mañana es mejor) a leer sobre tu actitud positiva.** Luego escucha cintas para la actitud y cintas de ventas en el auto TODO EL DÍA.

- **Escucha tu canción favorita justo antes de la presentación**. Acude a tu próxima llamada cantando.

- **Tómate un día libre:** relájate, evalúa, elabora un plan, reagrúpate, recupera energías y vuelve con una determinación renovada y mejor energía.

- **Reorganiza tu oficina:** cambia un poco las cosas, haz que parezcan nuevas.

- **Graba tus presentaciones en vivo y escúchalas en el auto inmediatamente después**. Toma notas. Actúa para corregir.

- **Llévate a tu jefe contigo a tus visitas de ventas durante una semana**...Recibirás más comentarios de los que puedes manejar, pero te ayudará.

- **Evita los comentarios negativos y a las personas negativas.** Encuentra a personas que te animan, no los que te vomitan encima.

Cuando un jugador de béisbol tiene una mala racha de bateo hará cualquier cosa para "cambiar su suerte". Cosas desde supersticiones (pata de conejo, no afeitarse, llevar la misma ropa interior), hasta cambiar la postura de bateo, ver videos o recibir más entrenamiento. Pero lo único que suele acabar con la mala racha es la práctica extra de bateo, para recuperar el ritmo. Los fundamentos, amigo.

Ellos, como tú, tienen la habilidad profesional, pero la perdieron temporalmente. Ellos, como tú, volvieron a los fundamentos básicos para recuperar el talento perdido.

Otras notas al azar sobre la verdad de las caídas: La mejor manera de salir del atasco es mantenerlo en perspectiva. Una vez que aceptas el hecho de que puedes cambiar la situación, puedes empezar a recuperarte. Tranquilo: eres el mejor, si crees que lo eres. Cree en la persona más importante del mundo: tú.

¿Estás sufriendo una caída en las ventas?

O te apasionas o te despiden.

Bit 🏹rojo gratis: Un poco de inspiración gratuita: El famoso poema "No desistas"(Don't Quit; autor desconocido) debe inspirarte. Más inspiración para animarte. Visita www.gitomer. com/redbook, descarga *The Very Little Book of Red Bits* y busca DON'T QUIT.

Pepitas♥rojas

¿Mal día o mala actitud? Las personas siempre culpan su actitud por el día que están teniendo. Estoy teniendo un mal día es tontería. Lo que de verdad estás diciendo es: He permitido que otras personas afecten mi actitud. He permitido que otras circunstancias afecten mi actitud. Eso no solo es injustificable, es una señal de debilidad mental. Si te dices que estás teniendo un mal día, te prometo que tendrás uno, y si te dices que estás teniendo un excelente día, te prometo que lo tendrás. El día no es malo a menos que lo nombres malo.

La filosofía impulsa la actitud: "La actitud impulsa las acciones. Las acciones impulsan los resultados. Los resultados impulsan los estilos de vida". Esa es una cita del filósofo empresarial estadounidense, Jim Rohn. Si no te agrada tu estilo de vida, mira a tus resultados. Si no te agradan tus resultados, mira a tus acciones. So no te gustan tus acciones, mira a tu actitud. Si no te gusta tu actitud, mira a tu filosofía.

> La mayoría de los vendedores
> cometen el error fatal de comenzar
> en medio.
> Empiezan con la "acción".

Si no tienes una filosofía y tienes una pésima actitud, ¿qué clase de acciones vas a tomar? Y si yo te preguntara ahora mismo cuál es tu filosofía, probablemente responderías, "¡obvio!" Si quisieras un ejemplar de mi filosofía de ventas y vida, ve a www.gitomer. com/redbook, y descarga *The Very Little Book of Red Bits* y haz una búsqueda de PHILOSOPHY.

Desarrolla una actitud de ¡SÍ! Hay una sutil diferencia entre una actitud "positiva" y una actitud "sí". Ambas son GENIALES, pero la del "sí" es un poco más poderosa, porque asume que todo empezará con un "sí", incluso cuando sea un "no". La actitud "sí" te ayuda a generar una respuesta positiva. La actitud del "sí" es más declarativa. Le dice a la gente en una palabra que se cumplirán sus expectativas, y que de alguna manera tu respuesta a lo que quieran o necesiten será "sí", o en formato positivo. Todo el mundo quiere oír un "sí", y si te consideras una persona que dice "sí", no solo tendrás un estado de ánimo positivo, sino también expectativas positivas.

Celebra el esfuerzo, no la victoria. Demasiadas veces los vendedores y sus líderes solo celebran la venta. Y aunque eso es importante, es igualmente importante celebrar el trabajo que se ha realizado para conseguir la venta. La ética del trabajo, mejor dicho, tu ética del trabajo, te llevará a más ventas que cualquier otro elemento de tu arsenal de ventas. Si alguien dice: "Oh esa Mary, realmente trabaja duro", lo considero un cumplido del más alto nivel.

Sabes qué hacer; simplemente no lo haces. Los vendedores son las personas más inteligentes del mundo. Cuando voy de público en público, todos tienen un tema común: todos ya lo saben todo. El problema es que no lo hacen. Hay una gran diferencia entre saber y hacer, y la mayoría de los vendedores no tienen ni idea del poder de la sutileza. A medida que leas este libro no te digas: "Eso ya lo sé". Más bien pregúntate: "¿Hasta qué punto soy bueno en eso?". Esa pregunta te llevará al aprendizaje.

La administración del tiempo. ¿qué es lo importante ahora? Las lecciones sobre la administración del tiempo son una pérdida de tiempo. Ya sabes lo que tienes que hacer. Incluso sabes cuándo hacerlo. Lo que necesitas es una lección sobre la procrastinación. O una lección sobre cómo mejorar la autoestima. O una lección sobre el temor al rechazo. O una lección sobre preparación. Esas lecciones te permitirán ejecutar las cosas que en tu propia mente crees que "no tienes tiempo" para ellas, pero que en realidad solo estás evitando.

Sé egoísta. Hazlo por ti. El egoísmo gana.

Para que seas
lo MEJOR que puedes ser
para otros,
primero debes ser lo
MEJOR para ti mismo.

Si quieres ser el mejor vendedor, primero tienes que ser la mejor persona. Si quieres ser el mejor padre o la mejor madre, primero debes ser la mejor persona para ti mismo. Cuando logres lo mejor para ti mismo, entonces y solo entonces podrás ser lo mejor para los demás. Sé que tiene un toque egoísta, pero si lo piensas lo suficiente te darás cuenta de que tus defectos en todos tus esfuerzos se deben al hecho de que primero no eres la mejor persona que puedes ser.

Principio 2

PREPÁRATE PARA GANAR OR PIERDE ANTE ALGUIEN QUE SÍ ESTÁ PREPARADO.

¡Siempre listo! –El lema de los Boy Scouts por más de 100 años.

Las mejores maneras de encontrar información acerca de un prospecto.

Pepitas 🔴 rojas

- Haz tu tarea.
- ¿Eres un ganador? ¿O un quejumbroso?
- El día laboral empieza la noche antes.
- Trabaja mientras otros duermen.

"Tu programa regular no se emitirá esta noche porque tienes cuentas que pagar y no te mataría trabajar unas cuantas noches a la semana".

Solo el 5% verdaderamente se prepara. Los demás de ustedes están viendo la televisión. (Levanta la mano si estás ganando dinero mientras ves la tele. Solo estoy preguntando.)

¡Siempre listo!

*El lema de los Boy Scouts desde
hace más de 100 años*

¿Qué necesitas saber sobre el negocio del cliente potencial para entablar una conversación? Es decir, si entras por la puerta y dices "cuénteme un poco sobre su negocio", ¿qué tan poco preparado te ves? Respuesta: TOTALMENTE SIN PREPARAR. Estar preparado es ir a su sitio web e imprimir varias páginas estratégicas, leerlas y tomar notas para poder preguntar sobre lo que no entiendes o sobre lo que necesitas más información; no preguntar desde la IGNORANCIA TOTAL.

NOTA: Para que nos entendamos, "cuénteme un poco sobre su negocio" es la tercera cosa más tonta que le puedes decir o preguntar a un prospecto. La segunda es "déjeme contarle un poco sobre mi negocio". Al prospecto no podría importarle MENOS acerca de ti o de tu negocio, y probablemente ya sabe lo suficiente como para no querer escucharlo de nuevo. ¿La primera más tonta? Te lo diré más tarde. Hablemos de dónde encontrar información sobre un prospecto y su negocio antes de tu llamada de ventas.

Permíteme darte una lista incompleta de recursos... si tienes alguno que se me haya pasado, envíalo por correo electrónico a salesman@gitomer.com. y tu aportación se destacará en Sales Caffeine. Además, ganarás una taza para café de Sales Caffeine con la frase: "Coffee is for closers!".

1. El Internet. No te limites a buscar su sitio web. Introduce el nombre de su empresa en google.com o en otros buscadores múltiples como dogpile.com y mira qué aparece. Puede que aparezca un artículo u otra información importante. A continuación, introduce el nombre de la persona con la que te vas a reunir. A continuación, introduce el nombre del director general. Luego dime por qué no te reúnes con el Presidente. (Por cierto, si buscas el nombre de la persona con la que te vas a reunir y no encuentras nada, eso también te dice algo.)

2. Su literatura. Aunque sea "nosotros-nosotros", contiene los "alardes" básicos y puede hablar de cambios de énfasis y cobertura de mercado. También te dice lo que piensan de ellos mismos y de sus productos.

QUEJA ROJA:

¿Qué está en la tele esta noche?

3. Sus proveedores. Suelen ser reacios a hablar, pero pueden contarte cómo es hacer negocios con ellos y cómo te van a pagar. Es información valiosa para decir lo menos. Los proveedores son recursos que raramente se usan.

4. Su competencia. Oh si quieres saber sus cosas malas, aquí lo encuentras.. Basta con hacer preguntas informales sobre cómo consiguen negocios para saber cómo será negociar con ellos. Por cierto, cuanto más les odia la competencia, mejores suelen ser. Los competidores odian a los que les quitan negocio.

5. Sus clientes. Los clientes hablan. Y ellos son la verdadera palabra sobre la entrega, la organización, la calidad y la información sutil que puede darte una ventaja competitiva reveladora.

6. Personas de tu red que puedan conocerlos. Un correo electrónico rápido a tu grupo interno solicitando información siempre te aportará un dato o dos y puede ser la bonanza que estabas buscando.

7. Sus otros empleados. A veces la administración puede ayudar, pero no cuentes con ello. Lo mejor es recurrir al departamento de relaciones públicas o al de mercadotecnia.

8. El mejor recurso y el menos utilizado: Su departamento de ventas. Los vendedores te dirán cualquier cosa. Te pueden dar detalles que no te creerás.

8,5. Búscate en Google. ¿Quieres sufrir? Busca tu propio nombre. ¿Dónde estás? ¿Cuál es tu posición en Internet? Supón que te buscan, ¿qué encontrarán? Si no es nada, eso es una boleta de calificaciones sobre ti.

RESPUESTA ROJA DE VENTAS:

¡El día laboral empieza la noche antes!

Y no se trata solo de prepararse en Internet.
Es otro tipo de investigación, como encontrar
amigos comunes, llamar a algunos proveedores,
quizá a algunos clientes. Obtener información
VITAL en relación con la compra de tu producto
o servicio. Una cosa más en la preparación.
Preparate con una meta o dos sobre lo que
quieres lograr en la reunión.

Una preparación adecuada lleva tiempo, pero
te aseguro que impresiona al cliente potencial.
Él o ella sabe que te has preparado, y queda
silenciosamente impresionado. Es una ventaja que
muy pocos vendedores utilizan. Cometen el error
fatal de preparar todo su material. Diapositivas de
PowerPoint, muestras, documentación, tarjetas
de visita... ya sabes, todo lo mismo que hace la
competencia. El mayor error en ventas. Y casi
todos los vendedores lo cometen.

QUEJA ROJA:

**¿Quién quiere
salir a beber?**

Y no es solo la preparación sobre la venta; es
tu preparación personal para ventas; tu
preparación personal. ¿Qué tan preparado
estás?

Prepárate, chico. Apaga la tele y prepárate.

Bit ⚡rojo gratis: ¿Quieres una lista de lugares donde puedes recopilar información sobre la llamada de ventas? Claro que sí. Entra en www.gitomer.com/redbook, descarga *The Very Little Book of Red Bits* y busca RESEARCH.

Pepitas♥rojas

Haz tu tarea. Tus padres te dieron lata durante más de una década. O una orden: "¡Haz tu tarea!", o la pregunta que más odiabas oír: "¿Ya has hecho tu tarea?". Lo odiabas. Yo la odiaba. Todo el mundo la odiaba. Puede que incluso fuera tu introducción a la mentira. Lo que no te dijeron es que la tarea no se acaba cuando terminas la escuela. Más bien, las tareas escolares son un campo de entrenamiento para las tareas profesionales y las de la vida. Para tener éxito en las ventas o en la vida, lo primero que tienes que dominar es la tarea. Prepararte, elaborar preguntas, crear ideas y cualquier otra faceta de tu vida de ventas presupone que has hecho tus tareas. Por eso, en palabras de tu madre, te pregunto para siempre: "¿Has hecho ya tu tarea?".

RESPUESTA ROJA DE VENTAS:

Bebe los fines de semana.

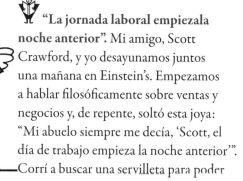

¿Eres ganador? ¿O un quejumbroso?
Estoy en contra de los quejumbrosos. A los quejumbrosos se les evita. A los quejumbrosos nunca se les escucha. A los quejumbrosos nunca se les respeta. Y, en general, a nadie le gusta ni quiere juntarse con un quejumbroso (la excepción son otros quejumbrosos: la miseria ama la compañía). En mi primer libro, *La Biblia de las Ventas*, puse una cita que decía: "No puedes ser un ganador si eres un quejumbrosos". En aquel momento, me pareció bastante gracioso, pero con los años, he descubierto que no solo es gracioso, sino que es 100% acertado. Piensa por un momento en cómo causas problemas a los demás. Piensa por un momento en lo que dices cuando algo no sale como tú quieres. Piensa por un momento en cómo reaccionas cuando pierdes una gran venta. Si alguna de esas reacciones o respuestas contiene quejas, deja ya de hacerlo o te convertirás en un quejumbrosos.

QUEJA ROJA:

¡Puedo inventármela en el momento!

"La jornada laboral empieza la noche anterior". Mi amigo, Scott Crawford, y yo desayunamos juntos una mañana en Einstein's. Empezamos a hablar filosóficamente sobre ventas y negocios y, de repente, soltó esta joya: "Mi abuelo siempre me decía, 'Scott, el día de trabajo empieza la noche anterior'". Corrí a buscar una servilleta para poder anotarlo. Le pedí a Scott que me contara más y lo hizo. Se trataba de prepararse. Se trataba de prepararse para el día siguiente. Puedo infligirte un gran dolor ahora mismo preguntándote qué es lo que haces para prepararte para tu próximo día de ventas. Tu respuesta está entre beber, ver eventos deportivos o ver repeticiones de la televisión. ¿No es patético? Bueno, en realidad algunas personas no lo consideran patético. Son tus competidores.

 **Trabaja mientras otros duermen.** Me levanto temprano todos los días. Corro a mi computadora y empiezo a escribir. Llevo haciéndolo 12 años. Hasta ahora el resultado son cinco libros, 700 columnas, por no hablar de las 1.000 presentaciones a empresas de todo el mundo. Antes de levantarme por la mañana, ya estoy ganando dinero. Normalmente me quedo despierto hasta alrededor de la 1:00. Desde las 23:00 hasta la 1:00, todo está tranquilo. Como cualquiera, a veces paso tiempo en Internet. Sí, soy un adicto a Ebay, pero también navego por los sitios web de los clientes para ver qué está pasando. Para ver si aprendo algo nuevo. Y para ver si se me ocurre alguna idea. Solo llevo cinco años haciéndolo. La cuestión es que me tomo esas tres o cuatro horas extra al día y gano más en ese tiempo, cuando la mayoría de la gente duerme, que cuando está despierta.

RESPUESTA ROJA DE VENTAS:

Invéntala así nada más y pierde ante alguien que no hace eso.

Principio 3

LA MARCA PERSONAL ES VENTAS: NO SE TRATA DE A QUIÉN CONOCES, SINO DE QUIÉN TE CONOCE.

Sé tu marca

Pepitas rojas

- Crea tu marca personal y los clientes te llamarán.
- Crea tumarca personal y los clientes te serán leales.
- Posiciónate más, compite menos.
- ¿Quién te ve? ¿Quién habla de ti? ¡Depende de quién te conoce?
- ¿Quién te valora a ti y tus conocimientos?

"El primer número de mi revista digital para clientes fue excelente. Para mi segundo número, estoy batallando para encontrar algo nuevo que decir".

Sé tu marca.
Ejecuta para obtener resultados

La marca personal no es complicada, a menos que tomes un curso sobre ella. Entonces da muchísimo miedo. La Marca Personal Empresarial y la mercadotecnia son mucho más fáciles.

Tengo una marca. O debería decir: YO SOY la marca. He tomado mi nombre, "Gitomer" y "Jeffrey Gitomer" y los he convertido en mi marca. Llevo doce años publicando mi columna semanal en el Charlotte Business Journal. Ahora está en 90 mercados. Mi sitio web es mi nombre: gitomer.com. Mi empresa es mi nombre: BuyGitomer. Y todo lo que hago lleva mi nombre. (Incluso he registrado las URL de las faltas de ortografía de mi nombre).

¿Cuál es tu marca? No solo la marca de tu empresa: me refiero a tu marca personal. En ventas, los clientes potenciales compran PRIMERO al vendedor. Si compran tu marca, puede que luego compren lo que vendes. ¿Cómo se consigue una marca? ¿Cómo se crea una marca?

Primero: Si eres una perona de empresas pequeñas, no leas un libro sobre ello. Todavía no he encontrado ninguno que sea lo suficientemente pragmático como para funcionar. Segundo: piensa en "mí" y en "dar para obtener". Tercero, piensa en "promoción combinada con publicidad". Y el truco: lo mucho que trabajes, lo inteligente que seas y lo dedicado que seas, combinado con tu autoconfianza, es lo que ayudará a que tu marca prolifere más que cualquier otra cosa.

Crear una marca personal...

• **Crea demanda por tu producto o servicio de forma indirecta.** (A través de medios distintos de la publicidad directa).

• **Consigue que la comunidad empresarial confíe en ti:** como persona respetada y de alto calibre.

• **Consigue que la comunidad empresarial confíe en tu empresa** .Gánate una reputación de calidad tan buena que se hable de ella.

• **Te establece como experto.** ¿Por qué conformarte con estar en el campo, cuando te pueden percibir como uno de los más destacados en la misma?

• **Hace que seas visto y conocido como un líder.** Ponte delante del grupo y diles o involúcrate en un grupo y dirígelos. Preséntate donde esté todo el mundo... todo el tiempo.

Queja roja:

Nadie me conoce.

• **Ser conocido como innovador.** Sé conocido como una persona o empresa de valor. Sé conocido como un recurso.

• **Separarte de la competencia.** Ponte delante de todos y establece un estándar.

• **Adquirir posición profesional.** Tu imagen es determinada por otros. Tu alcance determina tu imagen.

• **Crear tu imagen, y la imagen de tu empresa, por medio de un rendimiento positivo constante.** Al asociarte con cosas y personas de calidad. Al cumplir lo que prometes. Consigues que se hable de ti de forma positiva.

• **Como resultado de tu marca total y alcance de mercadeo**: hará que tu teléfono suene con prospectos calificados; luego conviértelos en ventas.

"¡OYE JEFFREY, SÉ ESPECÍFICO!" gritas. Está bien. Está bien. Aquí está algo de información de la creación de marca que no encuentras en cualquier libro de texto. Son las acciones que he tomado los últimos 15 años para crear mi marca.

No te puedo garantizar que funcionarán para ti. Pero sí funcionen. Te puedo decir eso a primera mano. *Aquí está mi fórmula personal para desarrollar una marca personal:*

• **Registra tu nombre.** Acude a www.obtainyourname.com o algún otro sitio de registro, y registra tu nombre lo más pronto que puedas. Registra los nombres de tus hijos también.

• **Estate dispuesto a dar de ti mismo primero ...** no es la única manera, pero es la mejor y he encontrado que es la más duradera.

LA MARCA PERSONAL

RESPUESTA ROJA DE VENTAS:

Si tu imagen es tu marca, la gente te conocerá.

• **Dedica tiempo para hacerlo realidad...** O no ocurrirá. Si quieres dejar una huella duradera, debe ir precedido de un plan maestro.

• **Consigue que otros te ayuden...** Haz una lista de las personas que crees que pueden ayudarte o que te puedan ayudar a conectarte y pídeles su apoyo. (¿La forma más fácil de conseguir apoyo? Darlo primero... sin llevar la cuenta).

• **Haz un breve anuncio de 30 segundos** sobre lo que haces y cómo puedes ayudar a los demás. Preséntalo DESPUÉS de haber preguntado a la otra persona a qué se dedica.

QUEJA ROJA:

Mi compañía no está apoyando mi esfuerzo de ventas

• **Combina actividades de alcance...** Ejemplos:
—Consigue que tu organización benéfica te involucre en la comunidad como portavoz.
—Dona una beca a la asociación empresarial de tu mejor cliente.
—Da una charla y dona los honorarios de la misma a tu organización benéfica.
—Haz una donación en honor de un acontecimiento importante en la vida de un cliente.

• **Hazlo todo con un toque creativo...** Algo que haga que merezca la pena recordar el tiempo y el esfuerzo que has dedicado. La memorabilidad es un eslabón vital para crear conciencia del mercado.

LA MARCA PERSONAL

• **Consigue la mejor Tarjeta de Presentación que el dinero pueda comprar...** Es tu imagen... y causa impacto cada vez que das una...ya sea impresionante, positiva, mediocre o negativa. Grábala, imprímela en relieve, estámpala, ponle un logotipo, diséñala gráficamente o en varios colores. Esta es la prueba de fuego: Cuando entregues tu tarjeta, si alguien no la mira y dice: "Bonita tarjeta", mándala rehacer.

• **Mantente delante de las personas con las que quieres hacer negocios...** Al combinar tus actividades de alcance, puedes crear un flujo constante de tus imágenes (en el periódico, en la revista electrónica semanal, en la televisión, en tu boletín de noticias, etc.) hacia tu mercado deseado. Se necesitan entre cinco y diez imágenes para crear una conciencia lo suficientemente grande como para tomar una decisión de compra.

• **Conviértete en un recurso...** Es mucho más poderoso comparado con que alguien te perciba como un vendedor o un empresario. La gente querrá estar cerca de ti y prestará atención a lo que dices si crees que lo que dices y haces tienen valor para ellos y para la empresa.

• **La persistencia y la consistencia son los secretos...** No hagas nada una vez y luego sentarte a esperar. Debes seguir trabajando sin expectativas. Si eres bueno, ten paciencia. Tu teléfono sonará.

RESPUESTA ROJA DE VENTAS:

Encuentra otra compañía.

- **Disfruta al hacerlo.** La gente que lo toma demasiado en serio tiene problemas para distinguir lo que es importante en el mundo. Trátalo como un juego importante. Juega todo lo que puedas para ganar.

- **Esfuérzate por ser el mejor en lo que haces.** Busca el objetivo personal: ser el mejor. No el objetivo material: ganar mucho dinero. Sé el mejor y el dinero aparecerá automáticamente.

- **Ignora a los idiotas y a los fanáticos.** En el mundo hay muchos envidiosos y detractores. Ignóralos. Personas que te aguan la fiesta porque no tienen su propia fiesta.

QUEJA ROJA:

Me están obligando a hacer llamadas en frío

Llega a ser conocido como una persona de acción.

El resultado de estas acciones será una persona conocida por lograr que las cosas se hagan: un líder. No es solo un reflejo de ti, es un reflejo de tu empresa, de los productos y servicios que ofreces y de tu marca personal. Es algo que no se puede valorar ni comprar, pero es la diferencia entre vender y no vender. Y la diferencia entre tener que vender y que la gente quiera comprar. El resultado de estas acciones será un nuevo tú.

Bit 术 rojo gratis: ¿Quiere más pasos para éxito de la marca? Visita www.gitomer.com/ redbook, descarga T*he Very Little Book of Red Bits* y busca BRAND ME.

Pepitas♥rojas

Crea tu marca personal y tus clientes te **llamarán. Crea tu marca personal y los clientes serán leales.** La ley de la atracción la crea tu marca. Permíteme utilizarme como ejemplo. Mi marca me hace entrar por tu puerta. Escribo una columna, "Sales Moves" cada semana que aparece en 90 periódicos. Tengo una revista semanal por correo electrónico, "Sales Caffeine", que envía información valiosa sobre ventas a más de 100.000 personas cada semana. Desde esas dos extensiones de mi marca recibo no menos de 10.000 visitas o consultas en línea cada semana. Y si nos fijamos en la forma en que he establecido la marca a lo largo años verás que lucho por la integridad de la marca. No he dicho que sea prístino. No he dicho que soy políticamente políticamente correcto. No he dicho que no soy atrevido(a veces demasiado atrevido). Esa es mi imagen pública. La integridad de mi marca es la consistencia y el valor del mensaje. He llegado a ser

RESPUESTA ROJA DE VENTAS:

Si tu persona es tu marca, clientes potenciales te llamarán.

LA MARCA PERSONAL

conocido como "El tipo de las ventas". Todo porque mi marca es información que otros pueden usar para hacer más ventas y levantar su negocio. Es importante señalar que en los 12 años que llevo escribiendo mi columna, nunca he hecho una llamada de ventas para reservar un seminario. Primero me llaman porque me conocen y les he aportado valor. Todos los libros de branding hablan de conseguir que el cliente recuerde tu nombre en el momento en que esté listo para comprar. Y aunque es una afirmación correcta, no dice nada del aspecto crítico: "¿Te comprarán?". Y "te comprarán" tiene que ver con su percepción del valor de tu marca. Eso es lo que crea la ley de la atracción.

Posiciónate más, compite menos. Mi artículo aparece en más de 90 ciudades de todo el país. ¿Soy el mejor vendedor en ciudades como Dallas, St. Louis o Atlanta? No importa. Soy el vendedor mejor posicionado en esas ciudades. Mi foto está en el periódico. Mi competencia lee mi columna todas las semanas y me odia a muerte. Estoy mejor posicionado en su ciudad que ellos. Ellos viven allí, yo no. Mi posición me da una ventaja competitiva de venta, la gente ya me conoce. La regla de ventas que se aplica en esta situación es: "En ventas, no se trata de a quién conoces. En ventas, es quién te conoce a ti". El posicionamiento te ayuda a que te conozcan.

¿Quién te ve? ¿Quién habla de ti? ¡Depende de quién te conoce! Otro aspecto del posicionamiento es lo alto que se puede llegar cuando se concierta una cita. Por el estatus que tengo, o mejor dicho, por el posicionamiento que tengo, siempre puedo reunirme con el el líder de la empresa. A veces es el director general, a veces es el propietario. Pero siempre es la persona que

"dirige el lugar". Esto me da una ventaja competitiva increíble.
En primer lugar, ya me conocen, así que no tengo que ganarme
su credibilidad cuando entro por la puerta. Y en segundo lugar,
siempre son ellos quienes toman las decisiones. Si te reúnes con un
director general que ya te conoce y te respeta, te prometo una cosa:
recibirás muchos "síes".

¿Quién te valora a ti y a tus conocimientos? La mayoría
delos vendedores se detienen al final del proceso de venta. Siguen
la misma rutina de prospección, designación, presentación,
cierre y seguimiento. Esa estrategia de ventas no te llevará a otro
trabajo de ventas. Si quieres edificar una relación, si quieres
conseguir referencias, tienes que darte a conocer como un
experto o el experto en lo que sea que hagas. Esto requiere trabajo
duro y estudio por tu parte. Si no estás dispuesto a hacerlo, mi
recomendación inmediata es que corras a la oficina de correos
y consigas un buen trabajo seguro allí vendiendo estampillas
en el mostrador. Si sus clientes valoran los conocimientos y la
experiencia que les has proporcionado, pensarán mucho antes de
entretenerse con la escoria de la humanidad que también vende tu
producto. Puede que los conozcas como tus competidores.

En las ventas, no es a quién conoces.
En las ventas, es quién te conoce a ti.

Principio 4

TODO SE TRATA DE VALOR, TODO SE TRATA DE RELACIONES INTERPERSONALES, NO SE TRATA SOLO DEL PRECIO.

- Los 6,5 principios de dar valor y ser valioso.

- Expresión gratuita.

- Precio vs. Valor, la VERDADERA manera para ganar el "precio".

Pepitas 🕱 rojas

- Da valor primero, no lo añadas.
- Haz amistades antes de comenzar, o no comiences.
- Actúa profesionalmente; habla amigablemente.
- Ventas por el momento. Amigos para toda la vida.
- Ventas para la comisión. Valor para la fortuna.

"Si ud. no está totalmente encantado y emocionado con nuestro producto, llámenos a este número gratis y con gusto le ayudaremos a establecer expectativas más razonables".

¿Dónde está el "valor" en la ecuación de ventas?

¿Qué papel desempeña el "valor" en las ventas?

¿Qué papel desempeña el "valor" en forjar la lealtad de los clientes?

¿Cómo ayuda el "valor" a crear relaciones comerciales sólidas?

La palabra "valor" no es fácil de definir y entender. Dar valor y añadir valor son palabras que a muchos vendedores y ejecutivos de ventas les cuesta entender, y ni se diga de proveer. La mayoría de la gente piensa que el valor consiste en algo que la empresa añade. Algún pequeño servicio adicional, algo añadido al producto, una ligera reducción del precio, incluso algo "gratis". Incorrecto.

Estas cosas son promociones, no valores. El valor es algo que se hace por el cliente, a favor del cliente.

En mi caso, he descubierto que lo más eficaz es dar valor primero. Y darlo sin expectativas, y darlo a menudo, y darlo sin expectativas y darlo a tus mejores clientes potenciales. ¿Y he mencionado darlo sin expectativas?

Yo ofrezco valor a través de mi columna semanal y mi revista electrónica semanal. La gente me llama de la nada y me da las gracias, me pide información y me contrata.

El mantra es sencillo: Me pongo delante de personas que pueden decirme "sí" y les ofrezco valor ante todo. Conviértelo en tu mantra.

Los 6,5 principios de dar valor y ser valioso

1. **Mercadea con material e información sobre clientes potenciales y clientes, no sobre ti.** Ellos NUNCA leerán tu folleto, de hecho, probablemente lo tirarán a la basura. Envíales información sobre cómo se benefician, producen o tienen éxito, y devorarán CADA PALABRA.

2. Escribe (bien) en revistas, periódicos, revistas electrónicas y boletines informativos. Escribir crea una posición de liderazgo percibida (tu imagen aparece impresa) y es al mismo tiempo una declaración de posicionamiento de valor. También permite que aquellos que están de acuerdo con tus ideas o filosofía se conecten contigo.

QUEJA ROJA:

Siguen descartando mi folleto.

3.Cree vehículos o mecanismos de respuesta en todo lo que escribas. Si están de acuerdo contigo y quieren más, ofrécelo. Es una gran manera de conectar con el negocio. La falta de respuesta también es una boleta de calificaciones.

4.Gánate un espacio en todos los medios de comunicación posibles. Intenta participar en un programa de entrevistas con información útil para todos. Vincula con un tema de actualidad o una festividad. (NOTA: Toda persona puede salir mañana en un programa de entrevistas con estas dos palabras: llama).

5. Date a conocer como una persona de valor. Date a conocer para que las empresas acudan a ti. Dirige un grupo o comité en la Cámara de Comercio, date de voluntario en algo benéfico. (SUGERENCIA: Elige uno que te guste de verdad).

6. Envía tu material después de que te lo pidan y asegúrate de que contiene algo que vayan a conservar. Los envíos proactivos rara vez funcionan. Si realmente quieres probar la viabilidad de tu información, ofrécela y mira quién la quiere. Yo no envío nada hasta que alguien llama y me lo pide. (NOTA: ¿Cuál es el valor de tu folleto? Si está expresado en términos de ti, podrías poner una palabra ofensiva en cualquier lugar en el folleto y nadie lo encontraría jamás).

6,5. ¿Hablar en público o llamar en frío? Yo digo hablar. ¿Por qué? ¿Cómo? Pasa la página...

RESPUESTA
ROJA DE
VENTAS:

No quieren
to folleto.
Quieren
respuestas
para sus
situaciones e
inquietudes.

DAR VALOR

Expresión gratuita. El legado que te dejas a ti mismo.

¿Quieres 50 nuevos contactos a la semana?
Da un discurso gratuito en un grupo cívico.

Muchos vendedores que quieren emerger intentan "comercializarse" frenéticamente, usando desde folletos a correo directo, llamadas en frío y redes de contactos. Una frustración costosa. La mejor forma de promocionarse es dar de ti al mercado. Exponerte a tus clientes potenciales.

Mi consejo: Expresión gratuita. O dicho de una forma más clara: habla gratis. La expresión gratuita recibe paga. Mucha paga. Y la expresión gratuita tiene recompensas. Grandes recompensas.

OJO: he dicho "discurso" no "argumento de venta".

Cuando te presentas en una organización cívica para dar una charla gratuita de 15-20 minutos, este es el oro que recibes:

- **Podrás hacer una presentación de ventas en directo para venderte a TI MISMO, no tu producto o servicio.**

- **Podrás hacer una audición delante de la persona que toma las decisiones.**

- **Creas (y refuerzas) tu red de contactos.**

- **Reafirmas tu presencia.**

- **Ayudas a la comunidad.**

- **Aumentas tus dotes de orador, de presentador y de narrador.**

- Podrás probar material nuevo.

- Atraerás a nuevos clientes (todos líderes).

- Si estás empezando en tu negocio, tendrás una gran oportunidad de ascender.

- Tendrás la oportunidad de tener un impacto significativo en alguien a través de tus palabras.

- Comes gratis.

Ahora bien, es posible que a algunas de las "recompensas" anteriores quieras añadir la frase prefijada "si eres genial" para captar el verdadero significado y causar el mayor impacto, pero creo que el mensaje está claro.

¿Te interesa? Solo tienes que ponerte en contacto con cualquier organización cívica de tu ciudad. Se mueren por una buena charla. Todas las semanas buscan BUENOS oradores. Y seguro que es mejor que llamar en frío.

¿Quieres la mejor estrategia de acercamiento?
Aquí tienes 6,5 TÁCTICAS DE ÉXITO de la expresión gratuita:

1. No des un discurso de ventas, pero habla de tu tema. Habla de cosas interesantes para el público… PERO da un gran discurso. Si vendes alarmas antirrobo, habla de seguridad en el hogar; si vendes fotocopiadoras, habla de imagen y productividad. ¿Lo captas?

2. Elige un gran público. Hay grupos y grupos: elige los mejores. El de mayor perfil, el que tiene más probabilidades de contar con los peces gordos.

3. Entrega un folleto. Aunque solo sean unas pocas páginas, un folleto ayudará al público a seguir la charla, te evitará tener que memorizarla y permitirá a todos los asistentes ponerse en contacto contigo. ADVERTENCIA: Reparta el folleto cuando empiezas a utilizarlo, NUNCA ANTES DE EMPEZAR. Si entregas el folleto antes de empezar tu charla, la gente leerá una cosa mientras tú estás hablando de otra, y (lo que es peor) pierdes el control de la audiencia y el impacto de tu mensaje.

4. Grábala en vídeo. Después de la charla puedes poner el vídeo en casa y ver lo bueno que eres REALMENTE en contraposición a lo bueno que PIENSAS que eres.

5. Pide que te evalúe el público. Lee sobre tu impacto, si lo hubo.

6. Aporta valor y consigue clientes potenciales. Al final de tu charla, ofrece algo adicional gratis a cambio de su tarjeta. Las tarjetas que consigas son clientes potenciales.

6,5. Quédate después de la reunión. Será entonces cuando descubres cuál ha sido tu impacto y quiénes son tus mejores clientes potenciales.

NO VENDAS TUS COSAS EN LA REUNIÓN. Concierta una cita para comer o desayunar y evita hacer un discurso de ventas o presumir de tu empresa.

En una nota personal, así es como empecé a cobrar por dar conferencias. A partir de mi columna semanal en el periódico, varios clubes Rotary y Kiwanis de la ciudad me llamaron para invitarme a dar una charla. Decidí NO hablar de ventas (mi especialidad), sino de los hijos (mi tema favorito) y titulé la charla: "Lo que hemos aprendido de nuestros hijos."

Seleccioné siete habilidades que mis hijos me habían ayudado a fortalecer al criarlos (como la imaginación, la persistencia, la fe ciega, el entusiasmo), y conté una breve historia sobre cada una de ellas. En 20 minutos hice reír, llorar, pensar y aprender al público.

Tenía un folleto y también ofrecí las siete mejores reglas de crianza que había aprendido (gratis) si me daban su tarjeta. Al final de cada reunión, SIEMPRE tenía al menos 50 tarjetas, y una charla PAGADA de alguien que me dijo: "¿Te gustaría venir a hablar a mis empleados?".

Así que mis recompensas (y las tuyas) por dar una charla gratuita de 20 minutos incluían una audición en directo y una llamada de ventas delante de 100 responsables de la toma de decisiones, impacto en la audiencia, nuevos amigos, una lección autodidacta, una sesión de práctica, un almuerzo gratuito, un bolígrafo (su regalo habitual por la charla), un certificado de agradecimiento del grupo, 50 clientes potenciales y un compromiso remunerado. Es mejor que el correo directo o las llamadas en frío.

CONSEJO ADICIONAL: Cualquier grupo te pagará 100 dólares si les pides que hagan el cheque a su organización benéfica favorita en tu nombre y en el de ellos.

Independientemente de quién seas o de dónde te encuentres en tu carrera de ventas, la expresión gratuita puede influir en el aprendizaje y en los ingresos. La expresión no es solo un derecho, es una oportunidad. Ejerce la tuya.

Bit ✗ rojo gratis: ¿Quieres algunos consejos de presentación? Consejos sobre cómo dar un mejor discurso y una mejor presentación de ventas. Entra en www.gitomer.com/ redbook, descarga *The Very Little Book of Red Bits* y busca PRESENTATION.

DAR VALOR

Precio vs. valor, la forma REAL de ganarle al "precio". ¿Cuánto cuesta? La respuesta: No importa si el valor está ahí.

Permíteme que lo haga muy sencillo: traza una línea en el centro de una hoja de rotafolio. En un lado pon "precio demasiado alto" y "acepte la oferta más baja". En el otro lado de la página quiero que me digas qué quiere tu cliente, no tu producto, sino lo que tu cliente quiere REALMENTE, que puede no tener nada que ver con tu producto o servicio.

¿Qué quieren tus clientes? Tu cliente quiere:

- **Más ventas**
- **Mayor productividad**
- **Más beneficios**
- **Mejor imagen**
- **Más clientes**
- **Empleados leales**
- **Mejor moral**
- **No tener dificultades**
- **Más tiempo libre**
- **Notoriedad**

Si puedes conseguirle estos elementos o incluso uno de ellos, ¿qué importancia tiene el precio? Cuanto más valor aportes, menos importará el precio.

El ejemplo clásico de precio frente a valor percibido es el negocio del automóvil. Todos hemos visto anuncios de concesionarios de coches que venden "un dólar por encima de la factura", "según factura" o "por debajo de la factura". Sin valor. Desde luego, no hay valor percibido. ¿Qué ocurre después de ser propietario? ¿Cómo valoraré el "uso" de mi compra? ¿Qué tipo de servicio puedo esperar?

Si uno de ellos pusiera un anuncio a toda página en el periódico que dijera: "Garantizamos que nuestros precios son 100 dólares más caros que los de cualquier otro, pero garantizamos que nuestro servicio es 100% mejor que el de cualquier otro". Y debajo hay fotos de cinco clientes que te cuentan de una forma u otra por qué pagaron los 100 dólares de más y que el servicio es fenomenal. Tendrían todo el negocio.

Te prometo que nadie se acuerda del precio a las 7:00 de la mañana cuando estás esperando en la cola de un concesionario de coches para el servicio, y no te atienden hasta las 7:30, y la persona del servicio es un poco grosera, y no tienen coches para presetar así que otra persona tiene que ir contigo y llevarte al trabajo, y cuando vuelves a las 5:00 de la tarde para recoger tu coche esperas otros 20 minutos y te enteras de que no tenían la pieza para lo que se había roto, y tienes que volver otra vez la semana que viene. Pero fuiste el tío más listo del mundo. Te has ahorrado 100 dólares en el coche. En ese momento habrías pagado 1.000 dólares más por el coche. Si eres capaz de conseguirle esos o incluso uno de esos elementos, ¿qué importancia tiene el precio? Cuanto más valor aportes, menos importa el precio.

Aquí está la oportunidad perdida:

El vendedor, concentrado en "hacer el mejor trato" y en todas las artimañas de venta, se olvidó de hablar de cómo sería el mantenimiento del coche. Cuando no hay valor, solo queda el precio. He utilizado el ejemplo del vendedor de coches porque a todos ustedes les ha pasado de una forma u otra.

Lo que tienes que hacer ahora es averiguar dónde está tu propuesta de valor Y cómo comunicarla de manera que el cliente la entienda y ser tan convincente en tus declaraciones de prueba o tus testimonios que el cliente tome la decisión de comprarte tanto emocional como lógicamente.

QUEJA ROJA:

El tipo me dijo que solo contaba con 5 minutos y quería mi precio.

Entiende esto...La venta está impulsada y decidida emocionalmente. Luego se justifica lógicamente. La cabeza está unida al precio. El corazón está unido a la cartera.

Esto es lo que necesitas para empezar:

1. Deja de pensar en tu producto como una mercancía. Si te dices a ti mismo que vendes una mercancía, estás condenado a vender precio. Teléfono inalámbrico, mercancía. No. Material de oficina, mercancía. No. Equipos informáticos, mercancía. No.

Todo gira en torno a la relación. Se trata del valor percibido. Aclaremos una cosa antes de seguir. No todo el mundo comprará valor. El 30 al 40

% de todos los clientes comprarán precio. Esa es la mala noticia. La buena noticia es que entre el 60% y el 70% de los clientes comprarán valor si lo ofreces. El precio más bajo es el beneficio más bajo. Cada vez que quitas cinco centavos al precio de la línea superior, estás restando esos mismos cinco centavos al beneficio de la línea inferior de la misma venta. Y esta es la realidad de la gente que solo compra por precio: Los tacaños también son un dolor de muelas.

2. Toma las 10 últimas ventas que realizaste e intenta descubrir lo siguiente: ¿Cómo se hizo la venta? En otras palabras, ¿cómo se tomó la decisión? ¿Quién apretó el gatillo? En otras palabras, cuanto más abajo se encuentre en la escala, más importa el precio. Si eres un hotel e intentas vender una reunión a una empresa, el organizador de la reunión estará mucho más orientado al precio y a la comparación que el director general, que es el responsable del resultado de la reunión. Veinte dólares por noche/habitación puede ser un obstáculo para el planificador de reuniones, pero no es nada para un director general que quiere que su gente esté contenta, bien descansada y productiva para el verdadero propósito de la reunión. Lo que me lleva a mi siguiente punto.

RESPUESTA ROJA DE VENTAS:

No quieren tu discurso de ventas. Quieren respuestas para sus situaciones e inquietudes.

DAR VALOR

3. No te enfoques en la venta, sino en el uso del producto o servicio durante toda la vida. Consigue que tu probable comprador visualice cómo será su vida después de hacerse propietario. Si puedes concentrarte en el uso y la propiedad, entonces podrás enfocarte en el costo y el valor a largo plazo en oposición al precio. La clave es que el cliente debe visualizar esto en un momento en el que también se está enfocando en "¿cuánto cuesta?".

QUEJA ROJA:

Tres más hicieron ofertas, aceptan el precio más barato, sin tomar en cuenta los posibles beneficios.

Permíteme hacer otra observación al margen. A veces el precio se ve excluido por alguien que te dice: "Nos hemos gastado todo nuestro presupuesto". Esa persona no toma decisiones. Es un gastador de presupuesto.

Y todo el tiempo que está gastando su presupuesto se enfoca predominantemente en el precio. Mi objetivo cuando estoy en una situación de ventas es llegar de alguna manera a la persona que hace el presupuesto. La persona que hace el presupuesto puede agregar un cero y hacer otro presupuesto.

Volvamos al proceso. Lo que estoy diciendo es...

4. Comienza tu llamada de ventas a un nivel más alto. Entre más alto en la escalera corporativa puedas llegar, menos importa el precio. Entre más alto el oficial de la compañía, más pueden ver el cuadro grande de ganancia y productividad en comparación con el precio. Esta es la prueba de fuego para saber si estás hablando con la persona adecuada: Cuando alguien empiece a machacarte con el precio, simplemente dile: "Precio o beneficio, Sr. Jones. ¿Qué prefiere? El precio dura un momento, Sr. Jones, el beneficio dura toda la vida". Todos los ejecutivos de las empresas están interesados en obtener más beneficios.

Aquí está el problema. Lo que acabo de desafiarte a hacer duplicará tu carga de trabajo como vendedor. Ahora tienes que ir a la venta con ideas de productividad e ideas de beneficios. La buena noticia es que no solo se duplicará tu carga de trabajo, sino también tus ventas. La mejor noticia es que la mayoría de los vendedores no harán el trabajo duro que se necesita para que vender sea fácil. No hay mucha competencia en la cima del escalafón de ventas. Pero la mejor noticia es que tú tendrás el control de tus propios resultados.

RESPUESTA ROJA DE VENTAS:
Si no ofreces valor, lo único que queda es tu precio.

DAR VALOR

Pero Jeffrey, no lo entiendes. Todas mis ventas se hacen con tres ofertas y el cliente elige la más baja". No, amigo. No lo entiendes. No estás usando tu imaginación para tratar de cambiar los términos de la propuesta. ¿Por qué no recomiendas a tu cliente: "Sr. Jones, los tres precios que va a recibir van a estar dentro de un 10% de diferencia entre sí. ¿Por qué no establecemos en el contrato que si todos los

precios están dentro del 10%, usted es libre de elegir el producto o el servicio que crea que ayudará más a su empresa? O la empresa en la que confíe más después de la venta. ¿Le parece justo?"

O por qué no dices: "Sr. Jones, todos los vendedores vamos a hacer afirmaciones sobre lo maravilloso que somos. Le recomiendo que añada a cada propuesta que cada uno de nosotros, vendedores potenciales, le proporcionemos testimonios en video de otros clientes que demuestren que lo que decimos es cierto."

Acabo de darte dos ideas sobre cómo cambiar las propuestas de precios más bajos. Pero puedes utilizar estas mismas ideas si no hay ofertas de por medio. Dediquemos un momento a analizar a tu competencia rata que llega en el último segundo e intenta bajar el precio para robarte el negocio. En primer lugar, entiende que si sabes que va a ocurrir o que puede ocurrir, puedes hablar de ello con tu cliente potencial. Puedes evitar que esto ocurra acordando con el cliente que no ocurrirá. Y también acordando por qué. La mayor parte de esto ocurrirá después de la entrega del producto o servicio. Las personas que compran por precio no tienen visión del futuro. No miran más allá del momento de la compra. Tu trabajo consiste en asegurarte de que el cliente tenga una visión clara de los beneficios que obtendrá tras la venta. Y que el beneficio es mayor que su deseo de comprar a menor precio.

]*La filosofía de ventas y mercadeo de Jeffrey Gitomer:*

Me coloco delante de personas que me pueden decir sí y les entrego valor primero.

Pepitas♥rojas

Da valor primero, no lo añadas. Nunca he entendido la filosofía de "valor añadido" y estoy dispuesto a apostar a que ni siquiera conoces su definición. Por lo general, se trata de un montón de tonterías de tu empresa por unos pocos servicios menores u otras nimiedades que tu competidor podría duplicar fácilmente. No hace nada para diferenciarte o aumentar la probabilidad de una venta. Mi filosofía de ventas es diferente. Se llama "el valor primero". En pocas palabras, pongo el valor en manos de mis clientes potenciales antes de pedirles que compren algo. Si lees mi columna en el periódico, si recibes mi revista electrónica semanal de ventas llamada Sales Caffeine, si visitas mi sitio web, encontrarás toneladas de ideas y valiosa información de ventas que regalo cada semana de forma gratuita. He estado haciendo eso durante doce años. Me ha hecho ganar millones de dólares. Primero lo regalo y luego cosecho las recompensas. No tengo un gran folleto, casi no hago publicidad y no hago llamadas de ventas. Bastante al revés para una organización de ventas, ¿no te parece? Desafía todas las reglas o leyes del mercadeo que puedas encontrar en un libro de texto, excepto un pequeño detalle: Funciona. Encuentra algo que tu cliente considere valioso y regálalo. Solo tiene que ser información que le ayude a construir su negocio para que tú puedas conseguir el suyo. Una advertencia: Mi método de venta, o mejor dicho, de conseguir que el cliente compre, requiere trabajo duro y la mayoría de los vendedores no están dispuestos a hacer el trabajo duro que se necesita para que la venta sea fácil.

Haz amigos antes de empezar, o no empieces. Cuando me reúno con un cliente potencial en una llamada de ventas, lo primero que hago es establecer algún tipo de relación que incluya encontrar puntos en común. Me río con ellos, les hablo a ellos de ellos. Establezco cierta credibilidad con ellos y luego empiezo mi presentación de ventas. Prefiero salir de una presentación de ventas de un prospecto que dice: "Vamos al grano". Lo que realmente está diciendo es: "¿Cuánto cuesta?". Yo no gano ventas por el precio. Gano ventas por amistad. Las "ventas por precio" se las dejo a otro. Son los más problemáticos del planeta, y también lo son las personas asociadas a ellos.

Actúa con profesionalidad, habla con amabilidad. Demasiados vendedores piensan que tienen que ser profesionales para ganarse la credibilidad del comprador. Nada más lejos de la realidad. ¿Yo? Soy simpático. Intento actuar de la forma más profesional posible, pero siempre peco de ser demasiado amable. El profesional de ventas rígido hará una oferta o propuesta y, si no es la más baja, se irá con solo un huevo de ganso. ¿Yo? Soy el más amistoso y soy el más alto. Me pregunto si existe una correlación. Ahora bien, no estoy diciendo que seas el precio más alto (aunque parece estar funcionando para empresas como BMW y Mercedes Benz), pero estoy diciendo que seas el más amable.

Las ventas para el momento. Amigos para toda la vida. Ventas por la comisión. Valor por la fortuna. Al principio de mi carrera como escritor creé una cita: "Si haces una venta, puedes ganar una comisión. Si haces un amigo, puedes ganar una fortuna". Esta filosofía rara vez se utiliza en las ventas. Los que la emplean son los mejores vendedores y los mejor pagados. Establecen relaciones. No se preocupan por sus cuotas. Se concentran en el valor que aportan a sus clientes y en los pedidos correspondientes que lo acompañan. Te desafío a que esta es la lección más difícil de aprender y, al mismo tiempo, la más poderosa y la más gratificante desde el punto de vista financiero que yo enseño. Es la esencia de mi filosofía, es el núcleo de mi negocio y es el corazón de mi éxito. Hazla suya y gana una fortuna.

Si no intervienen otros factores,
la gente quiere hacer negocios
con sus amigos.

Aunque intervengan otros factores
la gente sigue queriendo hacer negocios
con sus amigos.

Principio 5

NO ES TRABAJO... ES NETWORKING.

- **Los 21,5 mejores lugares para el networking**

Pepitas  rojas

- Primero consigue estar cara a cara
- El networking elimina las llamadas en frío,
- El networking trae clientes potenciales

"Paso el 99 por ciento de mi tiempo haciendo networking localmente, creando una presencia fuerte en el internet, estableciendo relaciones beneficiosas con líderes en mi campo, dando charlas a grupos empresariales y cívicas, y participando en actividades comunitarias benéficas. Paso el otro uno por ciento de mi tiempo tratando de recordar qué es lo que hago para ganarme la vida".

Los 21,5 mejores lugares para el networking

(y los secretos para tener éxito al hacerlo)

¿Hasta qué punto es importante el networking?

Muy importante.

¿Qué puede hacer el networking por tus relaciones?

Crearlas.

¿Qué puede hacer el networking por tus ventas?

Realizarlas.

¿Qué puede hacer el networking por tu éxito?

*Los contactos y conexiones adecuados
pueden conseguírtelo o destruirlo.*

Si quieres tener éxito, es la diferencia entre lo mediocre y lo grande.

Si el networking es tan importante, ¿por qué no lo practicas más?

He aquí las cuatro razones principales:

1. Crees que requiere demasiado tiempo y no estás dispuesto a dedicarle tiempo.

2. Tienes una actitud de "no me pagan suficiente dinero para hacer esto", y estás condenado a la negatividad y la mediocridad.

3. Crees que la llamada en frío es una gran manera de prospectar.

4. Quieres hacerlo, pero no sabes cómo ni dónde.

NO ES TRABAJO

Si eres #4, puedo ayudarte. Y esta información es vital para hacer un plan de networking exitoso. Si eres #1-3, esta información no es para ti, pero no te preocupes, ya lo sabes todo de todos modos, así que esto solo sería un repaso.

El networking es una combinación de habilidades cotidianas y habilidades sociales combinadas con habilidades de venta.

Es ocio empresarial que se lleva a cabo antes y después del trabajo, a diferencia del negocio frenético, que se lleva a cabo de 9 a 5 (con la excepción del almuerzo).

QUEJA ROJA:

No voy a ir a esa cena tan aburrida de la asociación.

El networking es una función obligatoria de los negocios para vendedores y empresarios. Pero toda persona en todos los segmentos del comercio y redes profesionales. Los grandes científicos, ingenieros eléctricos y cirujanos tienen su reunión anual de algún tipo donde se reúnen y "hablan de negocios". Las grandes ferias comerciales atraen a compradores y vendedores de todo el mundo.

¿Cuáles son algunos principios del networking?

- **darse a conocer entre los que cuentan**
- **conseguir más clientes potenciales**
- **hacer más contactos**
- **realizar más ventas**
- **establecer relaciones**
- **progresar profesionalmente
  (o simplemente conseguir un trabajo)**
- **crear reputación
  (y ser visto y conocido como coherente)**

¿Qué necesitas para ser exitoso en el networking?

- **Un EXCELENTE anuncio de 30 segundos** que enganche y haga preguntas que cualifiquen al cliente potencial y llegue al siguiente paso del ciclo de ventas si hay interés.

- **Tu voluntad** de dedicar el tiempo necesario para hacerlo y ser excelente en ello.

- **Un plan** de dónde y cuándo.

RESPUESTA ROJA DE VENTAS:
El networking es llegar a ser conocido por los que cuentan, y solo te pueden llegar a conocer si acudes.

NO ES TRABAJO

Para maximizar la eficacia de tu red de contactos, debes seguir una sencilla regla:

REGLA A1A: *acude a los lugares a los que acuden tus clientes y posibles clientes, o a los que es probable que acudan.*

Bien, aquí están los 21,5 MEJORES lugares para el networking:

1. Evento empresarial de la Cámara de Comercio fuera de horario. De eficacia probada. Siempre se consiguen algunos contactos y se renuevan viejas amistades. También son un excelente lugar para probar tu nuevo anuncio personal de 30 segundos. NOTA: A menudo, en un evento de networking empresarial, todo el mundo intenta vender...tienes que ser capaz de ponerte el sombrero de comprador o de vendedor y estar al tanto de tu oportunidad.

2. Un evento de alto nivel de la Cámara de Comercio. Reunión del consejo de administración o de asesores. Cena anual. La Cámara de Comercio es Tu mejor recurso local para establecer contactos, SI lo aprovechas.

3. Cualquier evento de la revista Business Journal. Desayunos empresariales, seminarios. Lugares a los que acuden personas influyentes. Los datos demográficos de los lectores y asistentes a eventos del Business Journal son asombrosos. TODOS ellos son personas que hacen que las cosas sucedan.

4. Un club de contactos o una organización empresarial a la que pertenezcan y en la que participen contactos empresariales sólidos. A cuantos más asistas, más te darás a conocer, crecerás y triunfarás en tu mercado.

5. Un lugar al que pertenezcan personas con ideas afines. El Touchdown Club, el club de exalumnos de tu universidad, etc.

Tener puntos en común siempre da pie a una conversación.

6. **Cualquier tipo de clase que tomes para aprender más y mejorar.** Toastmasters, Dale Carnegie, incluso aprender un idioma extranjero. Otras personas que quieren mejorar también estarán allí. Mejorarás y harás amistades para toda la vida.

7. Una organización cívica. Rotary, Kiwanis, Elks, Moose, Lions. Las reuniones son un gran lugar para crear relaciones con otros y ayudar a la comunidad al mismo tiempo. CONSEJO PARA EL ÉXITO: Sé un líder, no solo un miembro.

8. Asiste a un evento cultural. El teatro y la sinfonía atraen a gente con clase y dinero. Asiste a un espectáculo y conócelos.

9. Involúcrate con una organización benéfica o sé voluntario de la comunidad: desde la Sociedad Americana contra el Cáncer hasta la sociedad sinfónica tienen gente que ayuda entre bastidores. Sé uno de ellos.

10. Tu asociación comercial o profesional. Este es el mejor lugar para aprender sobre tu producto, tu competencia Y tus clientes al mismo tiempo.

11. La asociación comercial o profesional de tus mejores clientes. Este es el mejor lugar para aprender más sobre tus clientes Y para que te presenten a tus clientes potenciales. CONSEJO PARA EL ÉXITO: Sé un presentador de seminarios, no solo un asistente.

12. Ferias comerciales. Tanto las ferias específicas del sector como las generales son lugares excelentes para darse a conocer, conseguir ventas y salir adelante. Sigue los consejos anteriores y añádele el ingrediente del trabajo duro, en lugar de solo pasártela bien, y tendrás la fórmula del éxito en las ferias. Puede que sea el mejor lugar para establecer contactos de todos, y la mayoría de la gente lo desaprovecha con una actitud de "vamos a divertirnos a lo loco, estamos fuera de casa".

13. Únete a un club privado. Un club de campo de golf, un club gastronómico y de networking como Club Corp. con sucursales en todo Estados Unidos, o un pequeño club privado. En Charlotte, es Belle Acres, el principal club privado de los Estados Unidos. Buena comida (el chef es siempre magnífico). Gran ambiente (recuerdos fascinantes en todas las paredes). Gran servicio (siempre con una sonrisa y algo de humor). Un propietario estupendo (Bud Mingles y su ingenio seco contribuyen a la diversión de estar allí). Ah, y una gran red de contactos (todos los peces gordos de Charlotte acaban comiendo en Belle Acres).

14. Establecimiento de contactos durante la comida. Invita a un posible cliente a cenar. Luego invita a un posible cliente para él/ella. Mientras estén en el restaurante, observa quién más está en el bar. Acércate sin ser descortés. Presenta a todas las personas que conozcas a quien has traído. Hazlo de forma muy amistosa. Elogia a todos cuando los presentas. NOTA PERSONAL: Por las mañanas desayuno en Einstein's Bagels. Me encanta la comida y el servicio. Tengo todas mis reuniones matutinas allí. SIEMPRE conozco a otras personas allí. Mi reunión del desayuno siempre es para hacer un trato. Y a menudo mis encuentros fortuitos se traducen en negocios. CONSEJO PARA EL ÉXITO: Hazte propietario de uno o tres restaurantes. Lugares que frecuentas y donde conoces a los propietarios y gerentes. Juega un papel importante en tu networking de comidas.

15. Gimnasios. Haz ejercicio y establece contactos. Ponte sano y enriquécete al mismo tiempo. En Charlotte, es el "YMCA". Únete al club de moda y ponte en forma para ganar.

16. **Eventos deportivos.** Tanto los partidos como las reuniones de como las convivencias junto al estadio antes y después del partido. Al final, todo el mundo va al partido. Y para el loco de los deportes de competición que llevas dentro, juega a "El juego de networking". Está en mi libro *The Sales Bible* (La Biblia de las ventas.)

17. **Los padres de los amigos de tus hijos.** Si tienes un gran prospecto cuyo hijo juega a la pelota en la misma liga que tu hijo, tendrás una gran ventaja para convertirlo en un gran cliente.

18. **La hora feliz.** Puede ser un gran lugar para hacer una conexión rápida. Eso sí, no te pongas demasiado "feliz".

19. **Karaoke.** No solo te lo pasas de maravilla y conoces gente, también mejoras tus habilidades de presentación cada vez que cantas una canción.

20. **Asociación de vecinos.** Conoce a tus vecinos y a quién conocen ellos.

21. **El avión.** No quiero decir que tengas que conocer a todos los pasajeros, pero sí a tu compañero de asiento. Nunca sabes a quién conocen hasta que preguntas. Yo siempre intento venderle un libro a la persona que se sienta a mi lado. Es divertido, es práctica y es rentable.

21,5. **Estar preparado para establecer contactos cuando llegues.** Woody Allen dice que el 90% del éxito consiste en presentarse. Y casi tiene razón. El 90% del éxito es presentarse PREPARADO. Tener tu anuncio personal, o el anuncio de cóctel, o un gancho de un minuto listo para dar en cualquier momento es una prueba de tu destreza para establecer contactos... o no.

Bien, ya te he dado la carne.

Aquí tienes tu plan de acción personal:

Haz una lista de las posibles áreas, cada una de ellas.

Averigua quién va allí ahora y quién PUEDE ir. Averigua qué atractivo comercial tienes y empieza por ahí.

Secreto: hazte respetar por los que cuentan, no te limites a asistir, involúcrate y lidera.

Gran secreto: La ventaja clave es que el networking es relajado: ocio empresarial. La jornada laboral es ajetreada: negocios frenéticos. Conseguirás hacer más cosas y verás a más gente en la zona de ocio.

Mayor secreto: Sé consciente de quién está a tu alrededor dondequiera que estés. El peligro es no prestar atención a la persona con la que estás hablando. Otra palabra para eso sería DESCORTÉS. Pero en el momento en que estás libre, tu visión periférica debe ser de 360 grados. Cuanta más atención prestes, más rendirá.

Es importante señalar que estos "mejores lugares para el networking" no son solo ideas y sugerencias. Cada uno de los puntos mencionados es algo que hago personalmente y con lo que he tenido un GRAN éxito. Son cosas que hago, no solo cosas que enseño.

Haz contactos, haz ventas, elimina las llamadas en frío, edifica tu carrera, cimenta relaciones, forja tu reputación y haz amigos. He conocido a mis mejores amigos de toda la vida trabajando en red, y también hago negocios con ellos, por valor de miles de dólares.

¿Cuántos amigos para toda la vida haces llamando en frío?

Bit rojo gratis: ¿Quieres conocer las diez reglas de Harvey Mackay para trabajar en red? Nos han dado permiso para extraer una página del MEJOR LIBRO DE NETWORKING: *Dig Your Well Before You're Thirsty*, de Harvey Mackay. Visita www.gitomer.com/redbook, descarga *The Very Little Book of Red Bits* y busca DIG YOUR WELL.

NO ES TRABAJO

TENGO UN DESAFÍO PARA TI:
Entre ahora
y la semana que viene,
asiste a tres
eventos de networking
de la lista anterior.

*Te garantizo que harás más contactos,
establecerás más relaciones y puede que
incluso consigas una o dos ventas.*

Para sacar el máximo provecho de un evento de networking, pasa el 75% de tu tiempo con gente que no conoces.

Jeffrey Gitomer

Pepitas♠rojas

Hazlo cara a cara primero. Conectarte con alguien por primera vez por teléfono, (llamarles en frío, aunque sea por recomendación) no es la mejor manera de empezar una relación. Puede funcionar, solo digo que no es la mejor manera. Cuando conoces a alguien cara a cara puedes verle y oírle al mismo tiempo. Esto es 100 veces más revelador. El networking es la mejor manera de crear reuniones iniciales cara a cara. No tiene por qué ser solo una reunión de negocios. También puede ser una comida, una reunión de una asociación comercial, incluso una convención anual. La razón por la que el "cara a cara" es tan poderoso es que puedes agradarle a tu cliente potencial más rápidamente. Cuanto más le agrades, más te comprarán. El trabajo en red crea una relación que conduce a citas y ventas. Muchas ventas.

El networking elimina las llamadas en frío. Como ya he dicho 1.000 veces antes, considero las llamadas en frío una pérdida de tiempo. Ya sea por teléfono o llamando a la puerta, estás interrumpiendo a alguien para tratar de venderle algo. Funciona, pero no muy a menudo. Y la llamada en frío (o debería decir la falta de habilidad para llamar en frío) es la principal causa de rotación laboral. Piensa por un momento en tu convención o feria anual. Cien expositores, quizá más, circulando con personas responsables de tomar decisiones. En la misma sala, al mismo tiempo, hay personas a las que no podrías ver ni en un año de llamadas en frío. ¿En qué estarás pensando? Si los conoces primero y les caes bien, te resultará más fácil conectarte con ellos luego por teléfono y concertar una reunión. Y piénsalo a la inversa. Supongamos que llamas a alguien en frío y luego lo ves en una feria comercial. ¿Qué le dirías a esta persona?

"Hola, ¿te acuerdas de mí? Soy el tipo que te llamó en frío y colgaste".

El trabajo en red da lugar a referencias. No todos los contactos son clientes potenciales directos para tu negocio. A través de una técnica avanzada de networking llamada netweaving creada por Bob Littel en Atlanta, GA (www.netweaving.com), puedes ayudar a otras personas a encontrar recursos en un evento de networking. Cuando haces esto, descubrirás que otras personas te ayudarán. Además, puedes ir a un evento de networking al que van tus clientes y puede que te presenten a otras personas como ellos, que también podrían estar dispuestas a comprarte.

El networking funciona bien cuando empleas el secreto de cuatro palabras: Haz acto de presencia.

El networking funciona mejor cuando utilizas el secreto de dos palabras: Preséntate preparado.

Principio 6

Si NO PUEDES TRATAR DIRECTAMENTE CON EL QUE REALMENTE TOMA LAS DECISIONES, NO SIRVES.

- **Las razones por qué no puedes conseguir citas**
- **Que el verdadero tomador de decisiones se ponga de pie**

Pepitas rojas

- ¿El portero no te permite pasar? ¡No sirves!
- ¿No te devuelven tus mensajes de voz? ¡No sirves!

"No me estoy riendo de tus chistes. My estoy riendo de la idea de que crees que tengo suficiente autoridad para tomar una decisión aquí".

Las razones por las que no puedes conseguir citas.

El tipo no me da citas

No puedo llegar con el responsable.

No se compromete a una cita.

No me devuelve mi llamada.

Me ha cambiado la cita tres veces en dos semanas.

No se presentó a su cita.

Deja de quejarte. Esas no son razones reales. Son síntomas o llamadas de atención sobre el hecho de que te faltan habilidades fundamentales de venta.

¿Por qué no estás concertando citas?

La respuesta fácil: El comprador no tiene ninguna razón de peso para hacerlo.

La Respuesta difícil: No pudiste venderles un "sí", ellos te vendieron un "no".

Y la cita es el punto de apoyo de la venta: no se puede vender nada sin una cita cara a cara o por teléfono con un responsable de la toma de decisiones.

TOMA NOTA: "Esto se ve muy bien; déjame que lo comparta con mi jefe" es una afirmación que indica que acabas de perder el tiempo. Y en mi opinión NO es una cita. Eso es una visita.

Una cita es cuando te reúnes con alguien para avanzar en el proceso de venta o te reúnes con alguien que puede decidir.

¿Qué tienes que hacer para cambiar para alcanzar o superar los objetivos de tus citas de ventas?

QUEJA ROJA:

Ese tipo no me quiere dar una cita.

Cree algunas razones convincentes más allá de las débiles que utilizas ahora: ahorrar dinero, cinco minutos de su tiempo, estaré en el vecindario mañana, reúne algo de información, y otras porquerías.

Y deja de culpar a otras personas por tu falta de ventas. Ahora: algunos de ustedes hacen citas y venden por teléfono, algunos hacen citas y salen para vender, algunos hacen citas en las ventas, y todos ustedes piensan: "mi forma es diferente, Jeffrey", y están equivocados, porque todo concertamiento de citas es igual... entablar a un decididor calificado y conseguir que se comprometan a tu presentación.

No vendas el producto.

No vendas el servicio.

Vende la cita.

No se puede conseguir un contrato o un cheque a través del teléfono... simplemente vende una cita.

¿Cómo consigues una cita?

Pides. Pues no del todo. Interactuás, chispeas, aportas valor, interesas, creas deseo.

Si llamas y la persona está dispuesta, y conciertas la cita, eso es pura suerte. Mi nieta Morgan, de cinco años, puede enviar información por correo y concertar una cita con alguien que esté dispuesto. Aquí se trata de las personas que perciben que no lo están.

RESPUESTA ROJA DE VENTAS:

Si lo único que tienes es un producto o servicio, nadie se reunirá contigo. Si tienes una respuesta que ofrece beneficios, todo mundo se reunirá contigo.

Clave principal: si no tienen interés, no conseguirás el la cita. Si no aportas valor percibido, no te darán la cita. Si no eres atractivo, no te darán la cita. Si PERCIBEN que no lo necesitan, no te darán la cita.

Tienes que desarrollar tu experiencia más allá de tu folleto y tu lista de precios. En lugar de estudiar la televisión por la noche, tienes que convertirte en un experto en el sector o las categorías que cubres, tienes que saber dónde utiliza tu cliente o tu cliente potencial tu producto o servicio para forjar su negocio y obtener beneficios.

QUEJA ROJA:

Hizo una cita y no se presentó.

Como resultado, puede que necesites convertirte en un experto en branding, lealtad de clientes, uso de los medios de comunicación, respuesta de los clientes, respuesta retardada, publicidad, relaciones públicas, conversión de respuestas en ventas, creación de imagen y TODOS los elementos que el que busca el cliente cuando planifica SU campaña de ventas o su negocio.

Nada de esto aparece en tu literatura. Si quieres saber la eficacia de tu folleto actual, coge un rotulador Sharpie rojo y marca con un círculo TODAS las áreas que tu cliente o cliente potencial consideraría valiosas o salvables.

Lo primero que tienes que hacer ANTES de conseguir la cita es captar la atención y el interés del DECISOR. Para ello, hazle preguntas o afirmaciones que le lleven a querer saber más. Y no necesariamente más sobre ti, sino más sobre lo que sabes que podría ayudarles.

Tienes que saber algo sobre ellos.

Tienes que ser breve.

No puedes vender más que una cita.

No preguntes: "¿Cómo está hoy?" o "¿Ha oído hablar de nosotros?".

Entabla diálogo con ellos: el quid del proceso para concertar una cita es entablar diálogo.

Haz preguntas convincentes y atractivas.

Cuando yo vendía listas de nuevas empresas y nuevos propietarios, me acercaba a un cliente potencial y le preguntaba, "¿Quién se encarga de los clientes potenciales?". Esa pregunta me conseguía una cita más del 50% de las veces. Si vendes fotocopiadoras o eres impresor, pregunta: "¿Quién se encarga de la imagen?" o, si eres contable o banquero, pregunta: "¿Quién se encarga de los beneficios?".

RESPUESTA ROJA DE VENTAS:

¿Están anticipando con gusto reunirse contigo o eres un mal necesario?

EL QUE TOMA DECISIONES

Pregunta al cliente potencial qué piensa. Y dile cómo gana o podría ganar reuniéndose contigo. No le ahorres dinero al cliente potencial: gánale beneficios. Pídele una cita breve, con la opción de prolongarla si le interesa.

Empieza más arriba en la cadena de toma de decisiones de lo que te atreves. Si piensas: "¿Debo ir al departamento de contabilidad o al director de la oficina?". ¡NO! Dirígete al Director General.

Habla de beneficios y productividad NO DE AHORRAR DINERO: habla de ideas y oportunidades. NO DE LO QUE HAGO: quieren amistad, ayuda, respuestas, productividad y beneficios.

No es una declaración de beneficios. Es una declaración de rentabilidad.
No es una declaración de beneficios. Es una declaración de productividad.

NO QUIEREN NI NECESITAN SER EDUCADOS. Quieren respuestas, igual que tú. NO QUIEREN SOLUCIONES. Quieren respuestas. NO QUIEREN TOMARSE SU TIEMPO PARA OÍR HABLAR DE TI. Si te dedican tiempo, mejor que sea sobre ellos.

¿Qué crees que quiere un cliente potencial, respuestas a sus problemas o tu argumento de venta?

Ofrécele respuestas como motivo de la reunión y ¡listo!
La cita es tuya.

Bit 🕴rojo gratis: ¿Quieres una lección de persistencia? Visita www.gitomer.com/redbook, descarga *The Very Little Book of Red Bits* y busca PERSISTENCE.

¿Podría el verdadero decisor levantarse por favor?

El cliente potencial te dice: "Solo necesito una aprobación más y el pedido es tuyo". *Cuánta alegría, cuánta alegría... ¡el pedido es mío!* No lo celebres demasiado pronto. La última persona que tiene que dar el visto bueno es el verdadero responsable de la toma de decisiones. El jefe. La persona con la que se supone que tenías que hablar en primer lugar. La única persona que puede decir "no", y no hay posibilidad de dar marcha atrás.

Échate un poco de agua encima, amigo. Esta venta pende de un hilo... ¿y qué estás haciendo al respecto? ¿Irte a casa y presumir de que "está en la bolsa", o decir una y otra vez: "espero conseguirlo, espero conseguirlo"? Ninguna de las dos cosas funcionará.

Esto es lo que hay que hacer: Las palabras "Solo necesito una aprobación más y el pedido es tuyo" deben desencadenar tu respuesta al cliente potencial: "Genial, ¿cuándo nos reunimos?". Consigue que el cliente potencial acepte que asistas a la reunión de decisión final.

*Si no estás presente cuando
se toma la última decisión,
lo más probable es que pierdas
la batalla final de la guerra de ventas
sin haber podido
disparar una bala.*

Intenta lo siguiente: (De forma no comercial y amistosa), di al posible cliente: "Soy experto en (lo que haces) y, Sr. Jones, usted es experto en (lo que ellos hacen). Seguramente, al hablar de nuestro servicio, surgirán preguntas sobre productividad y rentabilidad. Seguro que está de acuerdo en que hay que presentar la información adecuada para que se pueda tomar la decisión más inteligente, ¿verdad? (conseguir compromiso) Y pueden surgir preguntas sobre nuestro servicio. Me gustaría estar ahí para responder a las preguntas sobre mi experiencia para que pueda tomar una decisión que sea en el mejor interés de su negocio." (Si esto falla, prueba añadiendo la frase: "Por favor, seré su mejor amigo").

QUEJA ROJA:

Ahora necesitan una propuesta formal.

Si el cliente potencial (cliente) acepta la reunión, te considera un recurso, un socio. Confía en ti. Si no accede a que asistas a la reunión... solo te consideran un vendedor.

Cuando otros tienen que "dar el visto bueno final" al acuerdo, además de aprender a cualificar mejor al comprador, debes seguir estos cinco pasos de acción o la venta estará en peligro...

1. Consigue la aprobación personal del cliente potencial. "Sr. Prospecto, si usted no necesitara consultar con nadie, compraría usted?" (El cliente potencial casi siempre dirá que sí). A continuación, pregúntele: "¿Significa esto que recomendará nuestro servicio a los demás?". Haz que el cliente potencial te recomiende a ti y a tu servicio a los demás, pero no dejes que él (ni nadie) haga tu discurso por ti.

2. Únete al equipo del cliente potencial. Empieza a hablar en términos de "nosotros", "nos" y "el equipo". Al entrar en el equipo del posible cliente, puedes lograr que se ponga de tu parte en la venta.

3. Organiza una reunión con todos los decisores. Hazlo como sea (éticamente).

4. Conoce de antemano al principal decisor. "Háblame un poco de los demás". (Anota todas las características.) Intenta conocer los rasgos de personalidad de los demás decisores.

5. Haz toda tu presentación de nuevo. Solo tienes que hacer esto si quieres hacer la venta. De lo contrario, déjalo en manos del posible cliente. Piensa que puede arreglárselas solo e intentará convencerte de ello.

Si crees que puedes eludir estos cinco pasos, piénsalo otra vez. (Es obvio que buscas atajos, de lo contrario habrías cualificado adecuadamente al comprador desde el principio).

RESPUESTA ROJA DE VENTAS:

Los que toman las decisiones no necesitan propuestas si les presentas una oferta convincente, valiosa o lucrativa.

EL QUE TOMA DECISIONES

Si cometes el error de dejar que tu cliente potencial se convierta en vendedor de tu parte (se dirige al jefe o al grupo en lugar de a ti), perderás. Casi siempre.

He aquí 2,5 onzas de prevención (para la próxima vez):

1. Cualifica al responsable de la toma de decisiones como "el único" haciendo una pregunta aparentemente inocente al principio de tu presentación: "¿Hay alguien más con quien trabajas (con quien consultas, a quien le planteas cosas) en decisiones (situaciones) como esta?". El objetivo es averiguar si hay alguien más implicado en la decisión ANTES de hacer tu presentación.

2. Evita que se produzca la situación diciendo en tu presentación inicial:
"Si le interesa nuestro _____, cuando terminemos, ¿sería posible reunirnos con el director general y hablar de ello?

2,5. La pregunta calificadora más poderosa que puedes hacer es (Y DEBE HACERSE EXACTAMENTE ASÍ): *"Bill, ¿cómo se tomará esta decisión?".* Bill te dará una respuesta. Y *TÚ SEGUIRÁS CON LA PREGUNTA: "¿Y luego qué?".*

QUEJA ROJA:

Dijo que ya habían gastado todo su presupuesto.

Y Bill comenzará a darte la saga sobre cómo se toma realmente la decisión. Preguntas "¿luego qué?" cuatro o cinco veces y ¡PRESTO!, tendrás el nombre del verdadero responsable de la decisión.

El número de ventas que realices será directamente proporcional al número de responsables reales de la toma de decisiones ante los que te sientes. El problema de la mayoría de los vendedores (no el tuyo por supuesto) es que se sientan delante de alguien que tiene que preguntar a su mami o a su papi si puede comprarlo o no.

Los verdaderos vendedores se sientan frente a verdaderos responsables de la toma de decisiones. ¿Hasta qué punto eres real?

Bit 🏹 rojo gratis: ¿Quieres tener unas cuantas razones por las que la gente no se decide? Te dará una visión un poco mejor de su (y el tuyo) proceso de decisiones. Visita www. gitomer.com/redbook, descárga *The Very Little Book of Red Bits* y busca DECIDE.

RESPUESTA **R**OJA DE **V**ENTAS:

Los que toman las decisiones formulan el presupuesto. Los que no toman decisiones gastan el presupuesto.

¿El responsable de la toma de decisiones no te da cita? ¡No sirves!

Y todos estos años le has echado la culpa a otro.

EL QUE TOMA DECISIONES

Pepitas ♠ rojas

¿El portero no te deja pasar? ¡No sirves! Nunca deja de sorprenderme la cantidad de vendedores que se quejan de que no consiguen que el portero les permita pasar. ¿Cuántas veces te tienen que dar con un martillo en la cabeza para que finalmente decidas que esto no funciona? Si no puedes convencer al portero, ¿por qué no creas un enfoque diferente? Mi primera recomendación es que no acudas al portero. Párate en el estacionamiento y pregunta a cualquiera que no no es el portero y te ayudará. Pero hay un secreto para superar siempre al portero y voy a compartirlo contigo ahora para que puedas usarlo siempre. Acércate al portero y pregunta por alguien de ventas. En menos de tres minutos aparecerá un vendedor dispuesto a contártelo todo sobre todo el mundo. Ese es el trabajo de los vendedores, contarle cosas a la gente. Te guiará hasta el director general y mientras caminas por el pasillo te dirán el tipo de coche que conduce, en qué universidad estudió, el nombre de sus hijos, su equipo deportivo favorito y su hándicap de golf. Te revelará todos los secretos de la empresa y lo hará encantado.

Ése es el secreto. Pregunta por alguien de ventas. Y luego hazle tu petición.

QUEJA ROJA:

El tipo dijo que debía consultarlo con…

¿No te devuelven tu correo de voz? ¡No sirves! Todo el mundo tiene una estrategia de correo de voz y muy pocas funcionan. Una de las razones es que el correo de voz filtra las llamadas y las personas no deseadas. Puede que tú estés entre los no deseados. Sin duda estás entre los desconocidos. En *The Sales Bible*, hay una estrategia que consiste en dejar medio mensaje, fingir que te han cortado y colgar. Consigue *The Sales Bible*. En mis seminarios le digo a la gente que haga que su hijo deje un mensaje cuando alguien insistentemente no te devuelve la llamada. Si usas el mensaje del niño, te lo devolverán en 20 minutos, garantizado. Pero el objetivo del correo de voz es utilizarlo para transmitir algún tipo de razón valiosa para que te devuelvan la llamada, o no te la devolverán. No es un concepto difícil de entender. Si le haces una propuesta a alguien y le dejas un mensaje de voz diciendo: "Espero que hayas recibido mi propuesta, si tienes alguna preguntas llámame", ese mensaje de voz no va a ser devuelto. Porque es tonto. Tú sabes que es tonto, yo sé que es tonto, y el cliente sabe que es tonto. El secreto para correo de voz es ser un poco atrevido y arriesgarse. Si es humorístico y creativo tienes una oportunidad, si si no lo eres, no la tendrás.

RESPUESTA ROJA DE VENTAS:

Los que toman las decisiones no necesitan consultarlo con nadie.

Principio 7

ENTABLA DIÁLOGO CONMIGO, Y LOGRARÁS QUE YO ME CONVENZA A MÍ MISMO.

- **Haz las preguntas incorrectas. Consigue las respuestas incorrectas.**
- **Haz preguntas inteligentes; creerán que eres inteligente.**

Pepitas 🧩 rojas

- Hacer preguntas poderosas causará que los prospectos piensen de maneras nuevas.
- Lo que preguntas establece el tono y la percepción de los compradores.
- Lo que preguntas determina su respuesta.
- Lo que preguntas hará o deshará la venta.
- Tus preguntas son un factor crítica en la manera como te perciben tus clientes.

"Recuerda que no puedes entrar aquí como si nada y vender algo. Primero tienes que lamer su cara por unos cuantos minutos".

Haz las preguntas equivocadas.
Obtén respuestas equivocadas.

El aspecto más importante de hacer una venta
es también la mayor debilidad de todo vendedor.

Hacer preguntas.

Para mí es un enigma. Las preguntas son tan importantes que uno
pensaría que serían el tema de la capacitación todas las semanas. Sin
embargo, las probabilidades de que los vendedores nunca hayan
asistido a un programa de capacitación sobre la ciencia de hacer
preguntas son muy altas.

¿Hasta qué punto es fundamental? La primera pregunta personal (de
buena relación) marca el tono de la reunión, y la primera pregunta de
negocios marca el tono de la venta. Eso es fundamental. ¿Beneficios
de hacer la pregunta correcta? Una buena pregunta.

Aquí hay 9,5 beneficios:

1. **Calificar al comprador.**
2. **Establecer una buena relación.**
3. **Crear disparidad de prospectos.**
4. **Eliminar o diferenciarse de la competencia.**
5. **Crear credibilidad.**
6. **Conocer al cliente y su negocio.**
7. **Identificar las necesidades.**
8. **Encontrar temas candentes.**
9. **Obtener información personal.**
9,5. **Cerrar la venta.**

Todas estas respuestas proceden de formular las preguntas adecuadas. Preguntas poderosas.

Esta es la cuestión:

¿Tienes 25 de ellas, las preguntas más poderosas que puedas crear, al alcance de la mano? ¿No? Únete a la multitud. El 95% de los vendedores no las tienen. Esa podría ser la razón por la que solo el 5% de los vendedores llegan a la cumbre. Es solo una teoría (¿o no?).

He aquí el desafío:

Consigue que cada cliente potencial y cliente diga "Nadie me había preguntado eso antes".

QUEJA ROJA:

El cliente potencial solo se quedó allí sentado...

He aquí las 7,5 estrategias para el éxito al hacer preguntas:

1. Haz preguntas al cliente potencial que le hagan evaluar la nueva información.

2. Haz preguntas que cualifiquen las necesidades.

3. Haz preguntas sobre la mejora de la productividad, los beneficios o el ahorro.

4. Haz preguntas sobre los objetivos de la empresa o personales.

5. Haz preguntas que le diferencien de la competencia, no que le comparen con ella.

6. Haz preguntas que hagan pensar al cliente o posible cliente antes de dar una respuesta.

7. Haz preguntas poderosas para crear una atmósfera de COMPRA, no de venta.

7,5. Una estrategia crítica para el éxito: Para mejorar tu capacidad de escuchar, anota las respuestas. Demuestra que te importa, conserva los datos para el seguimiento, mantiene el registro y hace que el cliente se sienta importante.

¿Cómo formular una pregunta poderosa?

He aquí el secreto:

Existe un secreto para crear y formular el tipo adecuado de pregunta poderosa. Una pregunta que les haga pensar (y responder) sobre mí en términos del cliente potencial.

Suena complicado... pero no lo es.

He aquí algunos malos ejemplos:

- ¿Qué tipo de seguro de vida tiene?

- ¿Tiene bíper?

- ¿A quién utiliza actualmente para el servicio de larga distancia?
- *Todos apestan.*

He aquí algunos buenos ejemplos:

- Si su marido muriera, ¿cómo se harían los pagos de la casa? ¿Cómo irían los niños a la universidad?

- Si su cliente más importante llamara ahora mismo, ¿cómo lo sabrías?

RESPUESTA ROJA DE VENTAS:

Si haces preguntas convincentes, es imposible que la persona solo se quede ahí sentado.

- Si sus tarifas de larga distancia fueran un 30% más altas de lo que deberían, ¿cómo lo sabría?

Todas hacen que el comprador piense y responda en función de sus propios intereses, y conteste en función del vendedor. ¡WOW!

He aquí un ganador:

A Scott Wells, de Time Warner Cable en Raleigh, se le ocurrió una pregunta de gran éxito en una sesión de capacitación. El objetivo era hacer preguntas de calificación a un cliente potencial sobre la televisión por cable y venderle todos los canales premium posibles. Scott preguntó: "Si tuviera su propio canal de cable, Sra. Jones, ¿qué programación incluiría?". ¡Excelente pregunta! Saca a relucir todos los gustos (y tal vez los disgustos) del cliente, y pone cada respuesta en función de la venta que se está realizando.

He aquí una serie:

Supongamos que me dedico a entrenar equipos de ventas (qué casualidad, lo hago). He aquí una serie de preguntas diseñadas a hacer que mi prospecto piense acerca de sí mismo, pero que conteste en términos de mí. (No doy las respuestas aquí y a veces pueden influir en el orden de las preguntas, pero captarás el proceso).

QUEJA ROJA:

Me seguía interrumpiendo con llamadas por teléfono.

- ¿Cuántos de sus vendedores no alcanzaron sus objetivos de ventas el año pasado?

- ¿Por qué? (¿Cuál fue la causa principal?)

- ¿Qué planes ha elaborado para asegurarse de que lo hagan este año?

- ¿Qué tipo de plan de desarrollo personal ha puesto en marcha para cada vendedor?

- ¿Cómo apoya a su personal de ventas?

- ¿Cuánta capacitación presupuestó el año pasado?

- ¿Cuánto le hubiera gustado haber presupuestado?

- Cuando tiene lugar la capacitación, ¿cómo mide el progreso del desarrollo profesional de cada individuo?

Estas ocho preguntas me darán suficientes respuestas para reescribir su libro de registro de ventas (y su chequera).

No se trata solo de hacer preguntas, sino de hacer las preguntas adecuadas. Una venta se hace o o se pierde en función de las preguntas que hagas. Si no está realizando todas las ventas que desea, empiece por evaluar la formulación concreta de las preguntas que formula. Sus respuestas están en sus preguntas.

Las preguntas abren paso a las ventas. ¿Tienes preguntas?

RESPUESTA ROJA DE VENTAS:

Si tu mensaje es impactante, el cliente potencial se refrenará de recibir llamadas.

¿Buscas algunas preguntas poderosas para iniciar la conversación? Prueba con estas...

- *"¿Qué busca...?"*

- *"¿Qué ha encontrado...?"*

- *"¿Cómo propone...?"*

- *"¿Cuál ha sido su experiencia...?"*

- *"¿Cómo ha utilizado con éxito...?*

- *"¿Cómo determina ...?"*

- *"¿Por qué es un factor decisivo ...?"*

- *"¿Qué le hace elegir ...?"*

- *"¿Qué le gusta de ...?"*

- *"¿Qué es lo que mejoraría de ...?"*

- *¿Qué cambiaría de ...? (No digas: "¿Qué es lo que no le gusta de ...?")*

  - *"¿Existen otros factores ...?"*

  - *"¿Qué hace su competidor en cuanto a...?*

  - *"¿Cómo reaccionan sus clientes ante ...?*

QUEJA ROJA:

Dijo que
no estaba
interesando.

Para usar preguntas exitosamente, hay que pensarlas y escribirlas de antemano. Elabora una lista de 15 a 25 preguntas que revelen necesidades, problemas, molestias, preocupaciones y objeciones. Desarrolla de 15 a 25 más que creen el compromiso del cliente potencial como resultado de la información que has descubierto.

Practica. Después de unos 30 días de hacer las preguntas adecuadas, empezarás a ver los beneficios reales.

Haz preguntas inteligentes, pensarán que eres inteligente. Haz preguntas tontas...

La verdad sobre las ventas: Los vendedores se dan a conocer por las preguntas que hacen.

Conociendo esta verdad, pensarías que todos los vendedores harían preguntas inteligentes. Estarías pensando mal. Nunca deja de sorprenderme que, con todas las opciones que tienen los vendedores, elijan alienar, enfadar o causar dudas en la mente del cliente potencial estableciendo el tono equivocado con sus preguntas.

RESPUESTA ROJA DE VENTAS:

Si el cliente potencial no está interesado, es porque no fuiste interesante.

Estas son las preguntas más tontas que hacen los vendedores y por qué son tontas:

- **¿A quién está utilizando actualmente...?** La investigación antes de llamar debe informarte de eso. Y puede que el cliente potencial piense que eso no es asunto tuyo. Buen comienzo.

- **¿Está satisfecho con su actual...?** Todo el mundo te dirá que está satisfecho. ¿Y qué? Bueno, está bien, si usted está satisfecho, me iré y lo dejaré.

- **¿Cuánto está pagando actualmente por ...?** No es asunto tuyo #2. Hablemos del precio lo antes posible.

- **¿Puedo hacerle un presupuesto de...?** ¿Para qué enviar un presupuesto? El siguiente que ofrezca un precio 2 centavos más barato se llevará el negocio. ¿Qué del valor?

- **¿Puedo hacerte una oferta...?** Lo mismo que un "presupuesto", pero peor. Esta es una venta 100% impulsada por el precio. Margen bajo. Poco beneficio. Poca comisión. Bajo porcentaje de éxito. ¿Qué tan bajo quieres ir?

- **Cuénteme un poco sobre su negocio.** No. Es una pérdida de tiempo para el cliente potencial. Averigua un poco sobre el negocio del cliente potencial para que puedas entrar en la llamada de ventas con respuestas e ideas que puedan entusiasmar al cliente potencial lo suficiente como para comprar.

- **¿Es usted quien decide acerca de...**" Vamos. Esta es LA pregunta que genera más mentiras. La respuesta suele ser "sí", y la respuesta suele ser falsa. ¿Por qué hacer una pregunta que genera información engañosa? La pregunta correcta es: ¿Cómo se tomará la *decisión?*

- **Si yo pudiera ahorrarle algo de dinero, ¿podría...?** Todos los vendedores creen que el cliente se lanzará a ahorrar dinero. En realidad, esta táctica tiene un efecto negativo en el comprador y hace que el vendedor trabaje el doble para demostrar su valía y, por lo general, a un precio más bajo (y con una comisión más baja).

Y la peor pregunta de todas:

• **¿Qué requeriría conseguirlo como mi cliente?** Esta pregunta equivale literalmente a decir al cliente potencial: "Mire, no tengo mucho tiempo. ¿Podría decirme cuál es la forma más rápida de conseguir este pedido y hacerme trabajar lo menos posible para conseguirlo?"

PALABRAS TONTAS: Añadamos un montón de palabras negativas que los clientes potenciales odian o que les hacen levantar la guardia: hoy, francamente, honestamente, si yo fuera usted, o cualquier cosa negativa sobre la elección anterior que hicieron o cualquier cosa negativa sobre su competencia.

Ahora, antes de que te pongas hostil conmigo, no estoy diciendo que no obtengas esta información, estoy diciendo que hay formas mejores y más inteligentes de obtener esta información que te llevarán a una venta. Las preguntas anteriores hacen que el cliente potencial tenga una opinión más baja de ti, y eso solo conducirá a guerras de precios y frustración.

Todas son preguntas enfocadas en el precio. En otras palabras, son el tipo de preguntas en las que la venta se reduce al precio. Y si lo que quieres es la venta, simplemente baja el precio hasta el punto en que obtenga poco o ningún beneficio. El secreto de las buenas preguntas (inteligentes) es que hacen que el cliente potencial se detenga a pensar y responda en lo que respecta a ti. Si haces preguntas a la gente cuya respuesta podrías haber encontrado por medios tan sencillos como buscar la información en su página web, ¿cómo de inteligente o trabajador te hace parecer? No mucho.

NOTA: Puedes permitirte el lujo de hacer una pregunta poco convincente sobre sus productos, si la precedes con la siguiente frase: "Anoche estuve mirando su sitio web y se me ocurrieron un par de ideas sobre las que me gustaría hablar con ustedes, pero hay algunas cosas que me gustaría entender un poco mejor sobre la forma en que atienden a sus clientes". AHORA PUEDE PREGUNTAR LO QUE SEA Y SEGUIR PARECIENDO INTELIGENTE.

Si llega con una IDEA que ha obtenido leyendo su informe anual, su revista especializada o su información web, se ganará el respeto de la persona que toma la decisión de compra. También te considerarán creíble. El respeto y la credibilidad generan confianza. La confianza conduce a la venta. Piensa en ello la próxima vez que formulas una pregunta:

La venta está en tus manos, lo único que tienes que hacer es solicitarla de la forma correcta.

Bit rojo gratis: ¿Quieres algunas preguntas muy inteligentes? Bueno, como cada uno vende una cosa diferente, te daré las pistas de las preguntas y tú las adaptarás a lo que vendas. ¿Te parece bien? Entra en www.gitomer.com/redbook, descarga *The Very Little Book of Red Bits* y busca SMART QUESTIONS.

EXIGETE A TI MISMO

Pepitas rojas

Hacer preguntas poderosas hará que los clientes potenciales piensen de formas nuevas. Haces preguntas para que los clientes potenciales te den información que te acerque a la venta. Quieres información que haya afectado a los clientes potenciales en el pasado, por lo que deseas conocer sus experiencias pasadas. Quieres entender sus motivos para comprar. Y quieres averiguar qué criterios utilizaron para elegirte a ti. Para hacer que los clientes potenciales piensen de formas nuevas, hay que hacer preguntas que inciten a la reflexión. He aquí un buen ejemplo: "Sr. Jones, ¿qué haría si perdiera a dos de sus 10 principales clientes?". A esa pregunta le sigue: "¿Cuál es su plan para conseguir su lealtad?". Ahora bien, esas son preguntas que no tienen un producto o servicio específico detrás. Puede que no se ajusten al negocio de todo el mundo, pero, chico, invitan a la reflexión. Quizá quieras hacerte las mismas preguntas.

Lo que preguntas marca el tono y la percepción de los compradores. Cuando comienza una pregunta con la frase "¿Cuál ha sido su experiencia con...?", los clientes potenciales se convierten en proveedores de sabiduría en lugar de proveedores de información. En lugar de darles tu sabiduría, a los compradores les agradarás mucho más cuando les pidas su sabiduría. Por desgracia, los vendedores creen que tienen que "educar" a los compradores. Nada más lejos de la realidad. Los compradores no quieren educación. Quieren respuestas. Sus preguntas preparan el terreno para el proceso de venta, que en realidad es el proceso de compra. Tu trabajo consiste en establecer el tono de compra atrayendo al cliente potencial intelectual y emocionalmente.

Lo que preguntes determinará su respuesta. Si quieres entrar en una batalla sobre por qué tu producto es diferente del de la competencia —o por qué tu precio es más alto—, haz una pregunta tonta sobre cómo trata la competencia al cliente. Si haces una pregunta sobre ofertas o ahorro de dinero, tus respuestas van a ser en términos de "precio" y "¿qué tipo de trato me puedes dar?". Pero si haces preguntas de valor: preguntas sobre productividad y beneficios, obtendrás respuestas que te llevarán a los motivos de compra de sus clientes potenciales.

Lo que preguntas hace o deshace la venta. Si sabe que las preguntas son fundamentales, ¿por qué dedicas más tiempo a ver repeticiones de la televisión que a desarrollar nuevas preguntas? (Si sabes que las preguntas son fundamentales, ¿por qué no tienes una lista de 25 preguntas que tu competencia no hace? Cuanto más provocadoras sean tus preguntas, más te respetarán tus posibles compradores. Cuanto mayor sea ese nivel de respeto, más probable será que sean sinceros contigo y te den información sobre los factores clave que determinarán la venta. También empezarán a compartir la verdad sobre cómo se toma la decisión. Cada minuto que estás delante de los clientes potenciales, ellos están decidiendo cuánto les agradas, cuánto te creen, cuánto te respetan, cuánta confianza tienen en ti y cuánto confían en ti. Todos estos factores determinan si te comprarán o no.

Tus preguntas son un factor crítico en la forma en que tus clientes te perciben. Si son inteligentes y atractivas, te consideran una persona de valor. Si tus preguntas son tontas, te considerarán un vendedor de precio.

Entabla diálogo conmigo

Larry se convirtió en el vendedor principal de su empresa una vez que aprendió el poder de las preguntas

"¿Se da cuenta de que me despedirán si no me compra algo? ¿Podrá vivir en paz si el banco me quita mi casa y mis hijos tienen que vender sus juguetes en Ebay? ¿Como se sentirá usted cuando nuestra perrita comience a comer a la gente para poder sobrevivir?"

No es una venta difícil.
Es una venta del corazón.

Las buenas preguntas llegan al corazón del problema/la necesidad/ situación rápidamente, sin que el comprador se sienta presionado.

Principio 8

SI LES PUEDES HACER REÍR, ¡LES PUEDES HACER COMPRAR!

- Ser el primero en reír hace que una venta perdure.
- ¿Necesitas mejorar tu humor? Conviértete en un estudiante del humor.

Pepitas rojas

- El humor. La última frontera.

- El humor es la forma más elevada de dominio del lenguaje.

- ¿Qué tiene de divertido ser profesional?

- La diferencia entre un chiste y una historia.

- La risa es universal.

Hacer que un clientes se ría es algo bueno. Sin embargo, prender una cachimba en su despacho posiblemente no sea la mejor manera.

Ser el primero en reír hace que una venta perdure.

Tengo una foto nueva. Ya era hora, la otra tenía cuatro años. He perdido un poco de pelo desde la última... OK, OK he perdido mucho pelo desde la última. Pero no me podía dar cuenta porque cayeron una a la vez.

Hay dos maneras de ver mi pérdida de pelo:

1. Dios mío, se me cae el pelo... pobre de mí.

2. No tengo mucho más que perder.

He intentado utilizar mi mala fortuna (si se quiere ver el lado vanidoso) como una oportunidad para reírme de mí mismo y hacer reír a los demás.

Por ejemplo, en un seminario digo: "En realidad no se me cae el pelo, soy donante de pelo. Doy mi pelo a gente menos afortunada que yo". Y señalo a alguien con mucho pelo. Y añadiré: "El Club del Pelo para Hombres no me aceptó como miembro. Me dijeron que tenía que tener algo de pelo para entrar".

O diré: "Uso corbatas estupendas, porque sé que nadie se me va a acercar y me va a decir: 'Jeffrey, ¡qué pelo más estupendo!'" Este asunto con mi pelo me ha beneficiado financieramente. Por ejemplo, uso muy poco champú y aun menos acondicionador. Tardo muy poco tiempo en peinarme, lo que me deja mucho tiempo para trabajar en otras áreas de la belleza.

La semana pasada alguien quiso que me describiera para que alguien me encontrara en el aeropuerto. Le dije: "Mido 1,80 m, peso unos 85 kg, tengo barba, el pelo corto y me falta un poco (mi cliente se rió a carcajadas).

El otro día en Dallas necesitaba un corte de pelo y estaba en uno de esos hoteles elegantes. Pensé "¿cómo de caro puede ser?" y fui sin preguntar el precio. Me cobraron cincuenta dólares. Le pregunté al tipo: "¿Cuánto es, un dólar por pelo?".

Bueno, el humor parece destinado a estar en mi material de presentación, porque el pelo definitivamente no. ¿Cuál es tu punto de humor? ¿Tienes alguno?

QUEJA ROJA:

El tipo me dijo que no estaba interesado.

La pista principal: Hacer sonreír o reír a la gente la tranquiliza y crea una atmósfera más propicia para el acuerdo. Si están de acuerdo con tu humor, es más probable que estén de acuerdo con comprar tu producto o servicio.

• **Elige algo que te haga gracia.** La falta de pelo solía molestarme... ahora ya no (tanto). Ahora busco formas de reírme de ello, porque no puedo cambiarlo.

• **Elige algo que es personal para ti**. Si se trata de ti, te resulta cómodo.

• **Desarrolla frases que hagan reír, nada cursi.** Prueba primero las frases con tus amigos y compañeros de trabajo. Si se ríen, úsalas. Si se ríen, también lo harán los demás.

• **Mantén las frases limpias. Muy limpias.**

• **Ten cuidado con lo étnico o el género.** Mi recomendación es... no.

• **Ríete de ti mismo.** No pasa nada si el dedo te señala a ti. NO está bien si te burlas de los demás.

• **No lo alargues.** Úsalo una o dos veces y sigue adelante.

• **Toma pequeños riesgos humorísticos.** Si el otro tipo es calvo, le digo: "Sabes, lo primero que me gustó de ti fue tu pelo". Él se ríe y nos acercamos un poco más al tener una "situación en común".

Creo que hacer sonreír a la gente es una clave importante en la venta. Puede que el cliente potencial no esté interesado en oír hablar de tus cosas, pero siempre busca sonreír o reír.

¿Quieres algunos temas seguros?

• **Los niños** (Lo que hicieron o dijeron.)

• **El tráfico** (Lo que hiciste o viste.)

• **Repetir una línea de una comedia o serie de televisió**n (con mención de la fuente).

RESPUESTA ROJA DE VENTAS:

No cuentes chistes, cuenta historias.

- **Detalles personales de uno mismo** (Pelo, ropa, maquillaje, zapatos.)

- **Habilidades personales** (Golf, tenis, correr, hacer ejercicio.)

- **Autosuperación** (Frustraciones al subir la escalera al éxito o estudiar.)

Desarrollar el humor lleva tiempo. Como todas las demás habilidades de venta, hay que aprenderlo. Y, sí, algunas personas son "naturalmente más graciosas" que otras. PERO si no eres muy gracioso, puedes aprender. La mejor manera que he encontrado es prestar atención a lo que te pasa.

QUEJA ROJA:

Mis diapositivas de Powerpoint son aburridas.

El otro día estaba en la ducha de un hotel y abrí un frasco nuevo de champú para el pelo. Después de usarlo y volver a taparlo, me dije: "Sabes que no tienes mucho pelo cuando usas el champú y el frasco parece estar lleno". Me reí de mí mismo. ¿Y tú?

El humor no solo ayuda a hacer la venta, sino también a forjar la relación. La risa es aprobación mutua, y la aprobación mutua es el punto de apoyo de la venta. Si puedes hacerles reír, puedes hacer que compren.

"Pero Jeffrey, no soy una persona graciosa", dices. "Mi sentido del humor es casi nulo". ¿Y? Ve a estudiar humor.

Bit ✗rojo gratis: ¿Quieres una lista de cosas que puedes hacer para tener más humor? Entra en www.gitomer.com/redbook, descarga *El librito de los bits rojos* y busca HUMOR.

Que la broma te acompañe...

"EMPECÉ MI PRESENTACIÓN DE VENTAS CON UN PAR DE HISTORIAS Y TODOS SE PARTIERON EL TRASERO A CARCAJADAS. ¡LÁSTIMA QUE NO VENDO TRASEROS!"

RESPUESTA ROJA DE VENTAS:

El Powerpoint se usa para transmitir un mensaje. El humor en el Powerpoint es un mensaje aceptable.

HAZLES REÍR

¿Necesitas mejorar tu humor? Conviértete en un estudiante del humor.

1. Visita clubes de comedia. Estudia la forma y el ritmo. Observa la reacción del público. Observa lo que les hace reír. ¿Qué te hace reír a ti?

2. Mira a comedias en televisión o por cable. Los programas más antiguos suelen ser más divertidos. Anota lo que te hace gracia. Bugs Bunny es gracioso. Acciones, tonos vocales, expresiones faciales, palabras, tipos de historias.

3. Lee libros de chistes o libros que sean graciosos. El libro de chistes de Milton Berle es especialmente bueno. Los libros escritos por humoristas como Dave Barry, Art Buchwald, Scott Adams y Lewis Grizzard son excelentes.

Queja roja:

Soy vendedor profesional. No necesito ser gracioso.

4. Únete a Toastmasters. Tienen programas avanzados de oratoria humorística.

5. Observa y escucha a los niños con mucha atención. Los niños son graciosos por naturaleza, tanto en sus palabras como en sus acciones.

6. Lee historia. La verdad es a menudo más extraña y divertida que la ficción.

7. Arriésgate a hacer humor donde no tengas mucho que perder: en casa, con los amigos, en un juicio de divorcio, en la cárcel, etc.

8. Invita a comer a un humorista o escritor de chistes profesional. Aprenderás cómo se compone el humor pasando tiempo con profesionales.

9. Practica haciendo muecas y gestos graciosos en el espejo. Si eres muy valiente, utiliza el espejo retrovisor.

10. Saca el anuario de la escuela a la que asististe. O el de tu novia.

11. Toma clases de actuación. Es una buena manera de salir del cascarón. Un amigo mío me dijo que estaba actuando como un imbécil. Le dije que no actuaba.

12. Lleva contigo en el coche grabaciones de tus humoristas favoritos. Pónlas antes de hacer una llamada para que te animen.

13. Empieza a buscar el humor en tu vida cotidiana. Intenta apreciarlo mientras sucede, en lugar de hacerlo siempre a posteriori.

14. Practica exagerando tus gestos y experimentando con tu postura. Gran parte del humor es humor corporal. Aprende a ser gracioso sin decir ni una palabra.

15. Júntate con gente divertida: es increíble cómo aumenta tu humor cuando estás en compañía de gente divertida.

RESPUESTA ROJA DE VENTAS:

Los vendedores profesionales tienden a perder ante los vendedores amigables. No me creas a mí, pregúntale a cualquiera.

15,5. Ríete mucho. Si estás en serio en cuanto al uso del humor. Empieza a sonreír y reírte más.

Pepitasrojas

El humor es la última frontera. Es fácil aprender todo acerca de tu producto. Es fácil aprender todo sobre tu cliente, es fácil aprender la ciencia de la venta, es difícil aprender la ciencia del humor y más difícil aprender a colocar ese humor y el tiempo de ese humor en tu presentación de ventas. La esencia del humor es que relaja y crea una atmósfera más abierta. Una atmósfera que empezará a generar amistad, respeto y compatibilidad. La razón por la que me refiero a él como la última frontera es que es el último elemento que pones en tu proceso de venta.

> Usas el humor cuando
> eres un experto en materia de
> tu propio producto
> en materia de tu cliente
> y su negocio,
> y en materia de la ciencia de la venta.

Si solo utilizas el humor y no conoces los otros tres elementos, entonces serás un payaso que no hace ventas. El humor no te "sacará del apuro", sino que consolidará tu relación y la venta.

El humor es la forma más elevada de dominar un idioma.
Si alguna vez has oído a alguien decir: "Vaya, ese tío es gracioso
por naturaleza", probablemente también sea un ser humano
extremadamente inteligente. Si alguna vez aprendes un idioma
extranjero, lo último que tienes que hacer es aprender el humor.
Lo más difícil de hacer en cualquier lengua extranjera es contar un
chiste. El humor es el matiz más difícil de dominar, pero cuando
lo consigues, tienes la base para una sólida relación intelectual y
un sólido compromiso intelectual. OJO: No todos los clientes
potenciales necesitan o desean el humor. Enseguida sabrás quiénes
son. Son los que nunca se ríen de nada. Lo mejor que puedes hacer
cuando se da esta situación es eliminar el humor de tu presentación
de ventas y orar para que no sea un comprador de precios. En mi
experiencia, sin embargo, probablemente lo sea. La gente que "solo
quiere ir al grano", suele ser solo gente que quiere "ir al grano con los
precios".

¿Qué tiene de divertido ser profesional? Si toda tu charla
de ventas es profesional, lo más probable es que pierdas frente a
alguien cuya charla sea un 50% profesional y un 50% amistosa,
combinada con divertida. La amabilidad y la diversión son mil
veces más atractivas que la profesionalidad. Si lo dudas, echa un
vistazo a cualquier presentador de televisión. ¿Es profesional
o divertido? ¿Cuánto ganan? ¿Cuánto ganas tú? No pretendo
comparar tu presentación de ventas con un monólogo de David
Letterman, pero voy a comparar la forma en que crees que tienes
que presentar frente a la forma en que a tu posible comprador le
gustaría que le presentaran. Llevo 30 años combinando la charla
de ventas con la charla divertida y no solo he conseguido muchas
ventas, sino también muchos amigos. Lo mismo te ocurrirá a ti.

La diferencia entre un chiste y una historia. La mayoría de los vendedores se reducen a contadores de chistes, o debería decir a repetidores de chistes, o debería decir a repetidores de chistes malos. Contar chistes es peligroso, y no suele tener mucha gracia. En primer lugar, la mayoría de los chistes son degradantes para una persona u otra. En segundo lugar, los chistes suenan artificiosos, casi como si te esforzaras demasiado. Y lo peor de todo es que, si el cliente ya ha oído el chiste antes, quedas como un completo idiota, sobre todo al final, cuando eres el único que se ríe. En cambio, las historias son auténticas. Hablan de la experiencia, pueden utilizar el humor despreocupado y son atractivas. A menudo, cuando se cuenta una historia, el cliente potencial piensa en una historia y se siente atraído a su vez. Si consigues que él o ella cuente una historia, también crearás una buena relación. La narración de historias también es eficaz en la presentación de ventas para que el cliente potencial se identifique con el producto o servicio. Los hechos y las cifras se olvidan, las historias se vuelven a contar.

La risa es universal. El uso del humor en las ventas casi nunca se enseña. La razón es que la mayor parte de la capacitación en ventas y la mayoría de los capacitadores en ventas no son tan graciosos. No digo que si no eres gracioso no seas válido, pero sí digo que si estoy en una situación de venta contra ti y soy gracioso y tú eres profesional, o soy gracioso y tú no eres gracioso, ganaré la venta más a menudo. Si no te consideras una persona graciosa, estudia humor o lee sobre cómo ser más gracioso.

Puedes debatir
cuánto humor usar,
puedes debatir
cuándo es
más eficaz,
incluso el tipo de humor
que debe utilizarse.
Pero no se puede negar
el poder de la risa
como vínculo universal
entre humanos,
y entre humanos
y formularios de pedidos.

Jeffrey Gitomer

Principio 9

USA LA CREATIVIDAD PARA DIFERENCIAR Y DOMINAR.

- ¿De dónde viene la creatividad? ¡De ti, chico!
- Tres áreas para hacer una diferencia.
- ¡Arregla tu mensaje de voz ahora!

Pepitas 🔴 rojas

- La creatividad es una ciencia que puedes aprender.
- Un acercamiento creativo para terminar con "estamos satisfechos con nuestro suplidor actual" para siempre.

"Aunque eso venda hamburguesas, no estoy convencido de que Ronald McToilet sea la mejor manera de vender productos de plomería".

¿De dónde viene la creatividad? ¡De ti, chico!

"¡Esa es una gran idea!"
¿Se te ocurrió?"
¿Cómo se te ocurrió?

Típicos comentarios que puedes oír si se te ocurre una gran idea. ¿Cómo se te ocurrió? "No lo sé, se me acaba de ocurrir", dices. Bueno, casi. Hay razones para la creatividad.

La gente me acusa de ser "creativo" (entre otras cosas). Tanto es así que estoy empezando a enseñar a otros. Lo cual está muy bien teniendo en cuenta que yo mismo sigo siendo un estudiante.

¿Cuánto estudias la creatividad? Respuesta: No lo suficiente. Ver una gran idea es una cosa, tener una gran idea es otra. Hay una gran diferencia entre el tipo que inventó la piedra mascota y el que la compró. Uno (el inventor) está mucho más realizado (es más rico) que el comprador (tú).

¿De dónde viene la creatividad?
Se aprende.

¿Qué importancia tiene la creatividad en el éxito de ventas?
Mucha.

¿Eres creativo?
No mucho.

¿Puedes mejorar tu creatividad?
Sí. Lee un libro sobre ello. Practícala.

Pues bien, en mi búsqueda por comprender las raíces de la creatividad personal, me he interrogado a mí mismo y he estudiado mi entorno para dar con los elementos que impulsan o inspiran mi propio proceso creativo. No estoy diciendo que esto sea lo más importante de la mente creativa, pero es una mirada introspectiva a alguien que en más de una ocasión ha sido acusado de ser creativo. Mientras lo escuchas, califícate a ti mismo en cada elemento para ver en qué punto de la escala de "capacidad creativa" te encuentras.

Estos son los 13,5 elementos que impulsan y/o inspiran mi proceso creativo.

Queja roja:

No soy una persona muy creativa.

1. El cerebro. La gente tonta no es muy creativa. Cuanto más inteligente seas, más probabilidades tendrás (o al menos serás capaz de tener) ideas inteligentes y brillantes. (Todo lo que tienes que hacer es entender de dónde vienen las ideas y cómo crear el ambiente necesario para que surjan).

2. La actitud. La actitud negativa bloquea el pensamiento creativo. ¿Alguna vez has terminado una discusión con alguien y cinco minutos después piensas en lo que podrías o deberías haber dicho? Por supuesto. Todo el mundo lo ha hecho. La razón por la que no lo dijiste en el calor de la discusión, es que tu onda cerebral de actitud creativa estaba bloqueada por tu onda cerebral de actitud negativa.

3. El hábito de observar. Observar las cosas y las circunstancias es una cosa. Ver una idea dentro de ellas es otra. Cuando algo va mal o algo va bien, ambas son oportunidades para pensar y ver en términos de uno mismo. Lección de dos palabras: presta atención.

4. El hábito de coleccionar ideas. En cuanto se te ocurra algo que tenga un mínimo de creatividad, documéntalo. Escríbelo en una servilleta, en tu Palm Pilot, en un papel o en tu computadora. Intenta ampliar el pensamiento todo lo que puedas en el momento en que lo tengas. Uno de los elementos más sorprendentes y frustrantes de la vida es lo rápido que las ideas creativas aparecen y desaparecen.

5. Tu autoestima. Para que fluya una mayor cantidad de ideas primero debes creer que tienes la capacidad de crear una. Si te dices a ti mismo que eres creativo, ocurrirán más cosas creativas. No creas que decir "soy una persona persona creativa" es presumir. Míralo más bien como una afirmación, diciéndote que siempre hay nuevas ideas en el horizonte o en la punta de la lengua.

RESPUESTA ROJA DE VENTAS:

La creatividad es una ciencia aprendida. Lee cualquier libro acerca de ello.

USA LA CREATIVIDAD

6. **Un sistema de apoyo.** Rodéate de gente que te anime. Cuanto más oigas "nunca funcionará", más te lo creerás, y viceversa. Necesitas gente a tu alrededor que te diga que tus ideas son buenas. Por supuesto, no todas las ideas son buenas. De vez en cuando, quizá más que de vez en cuando, las ideas son un desastre. Puede que incluso rocen la idiotez. Recuerda que en algún momento alguien dijo: "Creo que podremos volar de costa a costa en cuatro horas", y otra persona se partía de risa. El concepto "nunca volará" es totalmente erróneo.

7. **El entorno creativo.** Establece tu propio lugar para la creatividad. Algunas personas pueden funcionar en el ruido, otras no. Pelearse con el entorno es igual de improductivo que pelearse con otro ser humano. Ambos acabarán afectando a tu actitud e impedirán o dificultarán que surjan tus mejores ideas.

Queja roja:

Mi producto está llegando a ser una mercancía.

8. **Mentores y asociaciones creativas.** La mejor manera de inspirarte es rodearte de otras personas creativas. Alguien a quien conozcas casualmente puede ser tan importante en tu vida como un mentor. El conocido casual puede ser alguien espontáneo, creativo o con sentido del humor. Un mentor será alguien a quien puedas hacer preguntas más profundas que te aporten una visión, y no solo instantánea.

9. **Estudiar la creatividad.** Cuanto más leas, más entenderás cómo otros han aprendido y enseñado la creatividad. Si no has leído el clásico libro de Michael Michalko *Thinkertoys,* o su nuevo libro *Cracking Creativity*, o cualquier libro de Edward de Bono, *Six Thinking Hats, Lateral Thinking*, o una recopilación de sus pensamientos titulada *Serious Creativity,* te recomiendo que empieces por ahí e inmediatamente avances hasta el Dr. Seuss, el campeón de la creatividad tanto para adultos como para niños. Ningún niño puede leer o digerir a Michalko o a de Bono. Todos los niños pueden leer, releer, pensar, aprender y digerir *El gato en el sombrero*, *Yertle la tortuga*, *Huevos verdes y jamón*, *Horton oye a quién* o cualquiera de los legendarios clásicos del Dr. Seuss. Mi biblioteca tiene más de 25 volúmenes. Vale, te he dado los títulos. Solo tienes que comprarlos y leerlos.

10. **Estudiar la historia de la creatividad en tu sector.** Para que puedas resolver qué está ocurriendo hoy en día y proyectar tus brillantes ideas hacia el futuro, necesitas tener un firme futuro, necesitas tener un firme control lo que ocurrió ayer y por qué. Como experto en ventas, los libros que más me inspiran se escribieron hace entre 50 y 70 años. Siempre hay algo nuevo en algo viejo.

RESPUESTA ROJA DE VENTAS:

Si estás vendiendo puerco o maíz, tienes un producto básico. Cualquier otra cosa se puede diferenciar con valor y creatividad.

USA LA CREATIVIDAD

11. Utilizar modelos creativos. Observa los conceptos presentados en el libro *Six Thinking Hats* o *Six Action Shoes*. Es un modelo clásico en creatividad donde el autor, Edward de Bono, utiliza los colores del sombrero o del zapato para transmitir un proceso. El ejemplo más sencillo del modelo es un concepto sacado de *Thinkertoys* llamado S.C.A.M.P.E.R. Scamper es simplemente una nueva forma de ver una idea existente y hacerse preguntas para mejorarla. Cada letra del acrónimo (por sus siglas en inglés) representa una perspectiva diferente de ver las ideas creativas. Las letras representan Sustituir, Combinar, Adaptar, Modificar, Maximizar o Minimizar, Dar otro uso e Invertir o Reorganizar. Si coges cualquier objeto, pensamiento o proyecto y pones en práctica el modelo S.C.A.M.P.E.R., se te ocurrirán ideas nuevas y creativas. El objetivo del modelo es aprender la ciencia práctica para que veas que hay una forma de aprender creatividad, en lugar de simplemente ser creativo. Aprender en lugar de ser. Una cosa no sustituye a la otra. Uno es simplemente un método adicional o un complemento del otro. A veces haces cosas o piensas cosas sin saber realmente "por qué". El "por qué" nunca es tan importante como el "es".

QUEJA ROJA:

El cliente dijo que todas las copiadoras son iguales.

12. Arriesga el fracaso. Hay una vieja expresión que dice: "Sin riesgo no hay recompensa". Yo digo: "Sin riesgo no hay nada". Todas las personas creativas asumen riesgos.

Es la naturaleza del proceso. Atreverse a pensar algo nuevo o intentar algo nuevo. El mejor ejemplo de fracaso creativo que puedo darte es Thomas Edison. También es el mejor ejemplo de éxito creativo. Pensó, estudió, probó, se arriesgó, fracasó MILES de veces, y triunfó a lo grande. Miles de inventos e ideas brillantes. Decenas de miles de ideas e inventos fallidos. Dondequiera que te lleve tu creatividad, el riesgo es parte natural del proceso. Disfruta de la emoción como lo harías en una montaña rusa. Fracasa en el béisbol dos de cada tres veces durante 20 años e irás al salón de la fama con una media de bateo de 0,333.

13. Ver tu creatividad en acción. No hay nada más gratificante que ver tu idea puesta en práctica. No importa por pequeña o grandiosa que sea, la gente tiende a presumir (sentirse orgullosas) y apropiarse de "tu idea" "¿Ves eso de ahí? Sí, se me pensé en eso". Aunque solo sea mover algo de un extremo de la habitación a la otra, la creación de una nueva configuración del mismo equipo o crear un eslogan, hay un GRAN ORGULLO en "ver" tu idea.

RESPUESTA ROJA DE VENTAS:

Si tus clientes perciben que todos los productos son los mismos, la única manera de cambiar esa percepción es la habilidad del vendedor de crear uno diferente.

USA LA CREATIVIDAD

13,5. El factor ridículo. Sea cual sea tu gran idea, siempre habrá alguien dispuesto a echarle agua fría. IGNORA a esas personas. Están celosas porque no tienen ideas propias.

Ahora, para los que piensan que todas las buenas ideas están tomadas, miren el deporte del hockey sobre hielo. Tiene más de 150 años. La máscara para el portero de hockey (solo tiene 30 años. ¿No crees que a alguien se le podría haber ocurrido en los primeros 120 años? Al final, un tipo (Jacques Plante) se cansó de que le dieran con el disco en la cara. Hola. Y una vez más, la necesidad se convirtió en la madre de la invención. Y creó la primera máscara de hockey.

Hay montones de otras ideas igual de obvias por ahí... tu trabajo es pensar en ellas. Había millones de personas que "conocían el juego" del hockey sobre hielo, pero solo una que imaginó una forma mejor y más segura de jugarlo.

Encontré una cita inscrita en la portada del libro *Thinkertoys*. He leído el libro varias veces y he pedido una caja de ellos firmada por el autor, Michael Michalko. En ella había escrito: "La imaginación es más importante que el conocimiento" Albert Einstein. No tengo más que decir. El resto depende de usted.

Tres áreas donde hacer una diferencia

1. **Tu pregunta inicial en una llamada de ventas.** La mayoría de los vendedores empiezan con un "vómito de ventas". Un montón de información sobre su empresa y su producto. Qué asco. HAZ UNA PREGUNTA INTELIGENTE INMEDIATAMENTE, Y ENSEGUIDA PENSARÁN QUE ERES INTELIGENTE.

Por ejemplo:

- ¿Cuánto vale tu imagen? ¿Tienes un plan de juego específico para la imagen este año?

- ¿Cuánto te cuesta a la empresa una hora de productividad perdida? ¿Cuánto cuesta perder a un empleado?

- Si estuvieras pagando por tu _____ un 20% más de lo que debes, ¿cómo lo sabrías?

2. Cambia tu imagen ordinaria y tu marca. Correo de voz, portada de fax. Haz una lista de las cosas corrientes que haces y cámbialas hoy mismo. ¿Otras áreas para poner en marcha el proceso de reflexión? Tu saludo telefónico, tus tarjetas de visita, el título de tu tarjeta de visita, la forma en que transfieres una llamada, la forma en que recibes un mensaje, tus artículos promocionales... ¡y TÚ!

3. Utiliza al máximo tu poder de seguimiento y "permanencia". No solo la nota de agradecimiento escrita a mano. Es Internet y tu capacidad para tener una página de información, enviar por correo electrónico un consejo semanal, crear un valor (historias de testimonios, boletín informativo).

¡Arregla tu mensaje de voz ahora!

¿Cómo saludas a sus clientes? ¿Te resulta familiar este saludo?

"O estoy en el teléfono o lejos de mi escritorio".

¿En serio? Patético.

"No, Jeffrey", dices. "Les digo qué día es".

"Es lunes y estaré en reuniones por la mañana y estaré entrando y saliendo de la oficina por la tarde".

Patético.

No me importa lo que estés haciendo. Llamé para hablar contigo.

El mensaje de voz es el enigma de ventas de América. Todo el mundo lo tiene y 9.999 de cada 10.000 tienen un mensaje patético.

¿Por qué necesito saber que estás lejos de tu escritorio? ¿Por qué necesito saber que estás en una reunión? ¿Por qué necesito saber qué día de la semana es? Respuesta: No necesito saberlo. Y más exactamente. No quiero saberlo. Lo que quiero es que me atiendas, para eso he llamado.

Muchas empresas tienen dos sistemas de correo de voz. Uno en el que una computadora contesta al teléfono y me informa de que para "mi comodidad" o "para atenderme mejor" puedo elegir entre las siguientes nueve opciones. Así que para cuando llego a tu tonto buzón de voz, ya estoy molesto multiplicado por dos.

Y luego está ese elemento añadido de descortesía cuando llamo y pregunto por ti y la operadora me envía directamente a tu buzón de voz sin tener la cortesía de decirme que no estás.

Perdona mi deseahogo, pero lo que acabo de decirte es una razón de peso para que tu cliente se vaya a la competencia, donde su personal puede ser más amable y servicial.

Ahora volvamos a ti y a tu tonto y patético mensaje de voz. Aquí tienes 7,5 ideas para hacer más interesante tu buzón de voz de modo que alguien pueda decirle a otro que te llame solo para escuchar tu mensaje. Verás, la gente que compra tus cosas habla con otra gente que compra tus cosas. Y si alguien llama para escuchar tu mensaje eso también se conocería como un "cliente potencial".

Los clientes potenciales son caros y difíciles de conseguir. Tu correo de voz es clave para conseguir nuevos clientes y crear publicidad boca a boca.

1. **Un mensaje breve sobre el valor o el beneficio de tu producto.** Una sugerencia o consejo; por ejemplo, díme una cosa que pueda hacer para beneficiarme del uso de tu producto; enuméralos y cambia el mensaje semanalmente.

2. **Una cita reflexiva.** En Internet encontrarás millones. Debe cambiarse a diario.

3. **Imitación de famosos.** Encuentra a alguien que haga voces... o haz una mala tú mismo. Rodney Dangerfield "No puedo conseguir ningún respeto, ¡pero puedes conseguir que te devuelvan la llamada!".

4. **Tu hijo.** "Hola, soy Jason, el costoso accidente de Dave. Está trabajando para mi matrícula universitaria. Puedes ayudar dejando un mensaje que incluya un pedido".

5. **Algo gracioso en general.** Di esto con voz algo cansada: "Solo soy un hombre, y el mundo es muy grande".

6. **Algo gracioso sobre tu producto o tu negocio**: "Hola, has llamado a Tom. Estoy fuera salvando el mundo una caja a la vez. Por favor, deja un mensaje e intentaré encontrar una caja de cartón para salvar tu mundo".

7. Un testimonio de un cliente. ¿Te imaginsa a uno de tus mejores clientes diciendo algo como "Hola, soy Dave Smith, de ABC Plumbing. Joe está aquí ahora mismo ocupándose de nuestra cuenta como lo ha hecho durante los últimos diez años. Por favor, deje que él se ocupe de la suya".

7,5. Algo disparatado. La razón por la que estoy guardando este para el final es que mucha gente se incomoda con lo disparatado y muchos jefes se incomodan con mensajes disparatadas y a veces al cliente le desagradan los mensajes disparatados. PERO estos son los mensajes que más darán que hablar. "Hola. Probablemente estoy aquí; simplemente estoy evitando a alguien que no me agrada. Déjame un mensaje, y si no te devuelvo la llamada, eres tú".

¿Mi mensaje? Siempre disparatado. Mi mensaje de celular actual es: "Hola soy Jeffrey. Desearía poder hablar contigo pero no puedo. Por favor, deje su número de tarjeta American Express con la fecha de caducidad y me pondré en contacto con usted". Esto puede parecerte una locura, pero tres personas al día dejan su número de American Express. Es divertido, memorable y no es ofensivo.

Haz que el mensaje sea corto. Treinta y cinco palabras como máximo. Guiónalo. Ensáyalo. Luego grábalo. Cambia el mensaje a menudo. Lo mejor es una vez a la semana. Escucha atentamente los comentarios: te dirán lo bueno o malo que es tu mensaje.

Si pretendes diferenciarte de la competencia, un GRAN punto de partida es tu mensaje grabado.

"Hola, soy Susana de la Inmobiliaria del Sol. Me enteré de que usted está buscando adquirir una propiedad vacacional a buen precio".

He aquí una lista de mensajes de voz creativos que utilizan algunos de mis clientes:

"Hola, se ha puesto en contacto con Scott de RCM&D. Estoy fuera buscando nuevos clientes que aún no se han dado cuenta de que necesitan nuestros servicios. Por favor, déjeme un mensaje para que usted pueda ser el cliente al que estoy visitando".

"¡Hola! Soy Martin y usted ha llamado en el mejor día de mi vida. Muchas gracias por llamar y hacer que mi día sea aún mejor, y por favor, ¡dígame quién es y en qué puedo ayudarle cuando suene el tono! Que tenga un gran día, ¡sé que lo tendré!". ... ¡biiiiip!

"Hola, soy Ray, y estoy en el programa de capacitación de genios de Nighthawk. Solo estoy en el nivel de "sabelotodo", pero deje su pregunta y le llamaré con una respuesta."

"Hola, soy Randy, me gustaría poder hablar con usted pero no puedo. Estoy trabajando como loco para enviar a mi hijo a la Escuela de Comercio. Por favor, deje un pedido y un mensaje, y me pondré en contacto con usted".

"Ha llamado al buzón de voz de Larry. Ahora mismo estoy fuera vendiendo seguros, pero por favor deje un mensaje. Con una hija que se va a casar y la otra que empieza la carrera, puede estar seguro de que le responderé en cuanto pueda".

Enchufé mi guitarra eléctrica y rasgueé unos cuantos acordes muy malos, y luego dije: *"Hola, soy Greg. No puedo atender el teléfono porque estoy fuera practicando con mi guitarra eléctrica. Deje un mensaje... Mejor aún, ¡dejae un pedido para que pueda pagarme las clases!".*

"Ha llamado a Fotografía ABC. No estamos aquí. Ahora que Dave está casado, por fin tiene una vida. Si quieres contactar con él, hazle un favor a su mujer y llámale al móvil al 555-1212, o deja un mensaje".

(Habla mi hijo de 7 años) *"Gracias por llamar a Leslie. Soy su hijo Jakeb, y necesito un nuevo juego de Playstation. Deje su nombre y número y me aseguraré de que le devuelva la llamada".*

Pepitas rojas

La creatividad es una ciencia que puedes aprender. Si te pregunto en una escala del 1 al 10, ¿qué importancia tiene la creatividad en las ventas y el servicio? Responderás "10". Si te pregunto en una escala del 1 al 10, cómo de creativo eres TÚ, la respuesta será diferente y mucho más baja. ¿Has leído alguna vez un libro sobre creatividad? Probablemente no. Me sorprende cuánta gente no ha leído nunca un libro sobre creatividad. Pues bien, la buena noticia es que hay muchos en la librería. El mejor es *Thinkertoys,* de Michael Michalko. Cómpralo, léelo, estúdialo.

Un enfoque creativo para acabar para siempre con "estamos satisfechos con nuestro proveedor actual". ¿Alguna vez has oído al cliente potencial decirte: "Estoy satisfecho con mi proveedor actual"? Seguro que sí. ¿Cuántas veces? ¿Por qué sigues escuchándolo? Con un poco de creatividad puedes eliminarlo para siempre. He aquí cómo: Cuando te dirijas al posible cliente dile: "Sr. Jones, hago muchas llamadas de ventas a posibles nuevos clientes y la mayoría de ellos me dicen: "Estoy satisfecho con lo que tenemos". Nuestros clientes están extasiados, obtienen un valor increíble, son más productivos y están cosechando los beneficios de hacer negocios con nosotros. ¿Prefieres estar extasiado y ser más rentable o estar satisfecho?". El cliente dirá: "Extasiado y más rentable". "Estupendo", dirás. "He venido hoy ESPERANDO que estuvieras satisfecho con lo que tienes". Elimina la objeción ANTES de que tengan la oportunidad de expresarla.

Principio 10

REDUCE SU RIESGO Y CONVERTIRÁS LA VENTA EN COMPRA.

- **La manera obvia de vender: ¡eliminar el riesgo!**
- **Reemplaza el riesgo con una herramienta poderosa para cerrar la venta: eliminar el riesgo.**

Pepitas 🔑 rojas

- La barrera más grande a una venta es el riesgo no mencionado que un cliente potencial percibe.

- Si eliminas el riesgo, comprarán.

- Sin riesgo, no hay agallas.

"Relájase, cierre sus ojos e imagine cuán orgullos se sentirá al saber que tiene suficiente como para pagar demasiado por mis productos".

La manera obvia de vender—
¡eliminar el riesgo de comprar!

Elimina el riesgo y es más probable que los clientes potenciales compren. ¡Qué concepto! ¿Cómo se puede simplificar la venta?

Para aprovechar el poder de esta estrategia, hazte estas cinco preguntas en relación con tu producto o venta:

1. **¿Cuál es la definición de riesgo?**

2. **¿Cuál es la causa del riesgo?**

3. **¿Cuánto riesgo estoy pidiendo a mis clientes potenciales que asuman cuando hacen una compra?**

4. **¿Cómo descubro los factores de riesgo?**

5. **¿Cómo se aleja, elimina o suprime el riesgo?**

Un riesgo de compra es alguna barrera mental o física, real o imaginaria, que hace que una persona dude o se replantee la compra. Como vendedor, tu trabajo consiste en identificar el riesgo y eliminarlo.

Curiosamente, el riesgo es más difícil de identificar que de eliminar. Lo que para algunos es un riesgo, para otros es un paseo por el parque. Lo que puede parecer ordinario, o sin importancia para el vendedor, es un riesgo ENORME para un cliente potencial. Lo que para algunos pueden ser "solo unos miles de dólares", para otros puede ser "¡Dios mío, TRES MIL DÓLARES!

¿Cuáles son los elementos más comunes del riesgo de compra? Aquí tienes varios en los cuales pensar, considerando el punto de vista probable de tu cliente potencial:

• **Juicio financiero erróneo.** Preocupación por el valor de los dólares gastados. El riesgo de pagar de más o de no obtener el valor de mi dinero.

• **Riesgo financiero.** ¿Es asequible? ¿Estoy gastando demasiado? ¿Es una violación del presupuesto o me faltará capacidad de pago?

• **Realmente no lo necesito.** ¿Y si lo consigo y nunca lo uso? ¿Realmente lo NECESITO? ¿Me arriesgo a arrepentirme?

QUEJA ROJA:

El hombre no se decide.

• **Quizá pueda conseguir lo mismo más barato en otro sitio.** No quiero comprarlo ahora. Quiero comparar precios; puedo arriesgarme a pagar de más.

• **No es lo que imaginaba.** No es lo que realmente quiero. Me arriesgo a conseguir algo que realmente no quiero.

• **No es lo que percibía o pensaba al principio.** No es como me lo imaginaba. (Esto también se conoce como dudar del juicio.) Me arriesgo a conseguir algo equivocado.

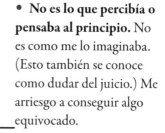

- **Calidad del producto mal juzgada.** El riesgo de un mal funcionamiento. Me arriesgo a que esto se caiga a pedazos.

- **No habrá servicio postventa.** ¿Será lo que espero? ¿Estará ahí cuando lo necesite? ¿Quiero arriesgarme a un mal servicio?

- **El producto no funcionará como esperaba.** La función o utilización del producto está en duda. Me arriesgo a un rendimiento deficiente.

- **Existe algo mejor.** El riesgo de que exista una ratonera mejor si busco un poco más.

- **Obsoleto al poco tiempo de adquirirlo.** El riesgo de que salga un nuevo modelo el mismo día de la compra (las computadoras lo hacen constantemente).

- **Parece tonto.** El riesgo de hacer una mala/tonta elección en tu propia mente y en la de los demás. Riesgo de hacer el ridículo.

- **El vendedor está mintiendo.** El riesgo de que no te entreguen el producto o de que te hagan promesas exageradas ("no es lo que él dice que es"). No le tengo confianza a este tipo.

- **¿Se enfadará alguien conmigo?** Patrones de pensamiento obvios de compradores que tienen problemas para tomar una decisión por sí mismos. ¿Quiero arriesgarme a que me griten por esta compra?

El riesgo es, en realidad, una falta de seguridad, confianza y credibilidad, ya sea en el producto, el servicio, la empresa, el vendedor o en uno mismo. La ausencia de estos elementos provoca dudas y un replanteamiento de la compra.

REALIDAD: Si hay una necesidad, si hay capacidad de compra, si no hay una agenda oculta (relación existente, amigo en el negocio, no es el verdadero decisor), entonces la persona que duda lo está haciendo por una de las siguientes razones ...

1. El miedo

2. Su "instinto" les dice que no

3. Miedo a lo desconocido

4. Falta de información

4,5. Falta de confianza en el vendedor, la empresa o el producto. En resumen: el riesgo potencial de la compra supera la recompensa de la propiedad.

QUEJA ROJA:

Me dijo que la mesa directiva tenía que decidir.

Esto es lo que hay que hacer.

ESTRATEGIA DE ÉXITO: Averigua su tolerancia al riesgo. Algunas personas corren más riesgos que otras. Pregunta acerca de los juegos al azar. Pregunta sobre riesgos empresariales asumidos anteriormente. Pregúntales sobre compras anteriores. Mide su tolerancia y sus experiencias anteriores. Busca las causas.

ESTRATEGIA DE ÉXITO: Conoce tus riesgos de compra. Hay menos de diez. Enuméralos y ten respuestas que "eliminen el riesgo". Enumera lo que tu cliente potencial puede perder si compra. Enumera las ganancias correspondientes (o anulables) si compran. Pide a tu cliente potencial que valore el paquete completo, no solo los puntos débiles o los riesgos.

ESTRATEGIA DE ÉXITO: Identificar y eliminar (o compensar). Pregunta a tu cliente potencial "¿Cuál es el riesgo?" Luego pregúntale: "¿Cuál es la recompensa?". Si el riesgo es bajo y la recompensa alta, la decisión es obvia.

El riesgo es un aspecto sutil. Solo los mejores vendedores captarán este concepto y lo aprovecharán. Si no lo hacen, el riesgo es mayor: El riesgo de que la competencia te dé una patada en el trasero.

Sustituye el riesgo por una poderosa herramienta de cierre: Eliminación del riesgo

Te estás acercando a la compra. Tienes la sensación de haber cualificado al cliente potencial, sabes que estás cerca de conseguirlo, una gran presentación si no lo dices tú mismo, pero todavía falta algo. Tienes dudas y no consigues definirlas.

Permítame ayudarle. El cliente potencial cree que el RIESGO de la compra es mayor que la RECOMPENSA de la propiedad.

Empiezas a oír las típicas evasivas como: "Me lo pensaré, llámame más tarde" (el beso de la muerte para una transacción que se tambalea) o el siempre popular: "Tengo que hablarlo con...". ¡Ratas!.

Entonces, ¿qué haces? ¿Seguir vendiendo? No exactamente, la respuesta es sencilla: Averigua dónde está el riesgo y elimínalo.

¿Qué se interpone en el camino del SÍ? ¿Qué elemento de riesgo existe que puedes eliminar para cerrar el trato?

He aquí algunos temores de riesgo "de voz interior" (no expresados) que podrían interponerse en el camino del SÍ:

- Realmente no puedo permitirme esto. Puede que no sea capaz de hacer los pagos.
- Lo compraré, lo llevaré a casa y no funcionará.
- Lo compraré, lo llevaré a casa y...se verá horrible.
- Lo compraré, el jefe verá mi decisión y explotará.
- Lo compraré y luego me daré cuenta de que, si hubiera mirado un poco, podría haberlo comprado más barato.
- Lo compraré y nunca lo usaré.
- Lo compraré y luego aparecerá un nuevo modelo (mejor) en dos semanas, y me quedaré con un pedazo de historia.
- Lo compraré y a nuestros empleados no les gustará.
- Lo compraré y gastaré todo ese dinero cuando podría haber prescindido de él desde el principio.

QUEJA ROJA:

Quería saber quién más lo estaba utilizando y por cuánto tiempo.

• Lo compraré y saldrá a la venta la semana que viene.

¿Entiendes? Los factores de riesgo suelen ser invisibles y tácitos, porque ponen al descubierto las reacciones viscerales, los sentimientos y los pensamientos del cliente.

REMEDIO: Puede sacar a relucir algunas áreas de sospecha en un esfuerzo por mitigar y abordar el miedo; pero a veces es necesario hacer flotar algunos "eliminadores de riesgo" para descubrir cuál puede ser la "barrera de riesgo".

He aquí algunos ejemplos:

• Si le preocupa si le funcionará después de llevárselo a casa, no se preocupe, SIEMPRE puede devolverlo (y añadir algo de tranquilidad). Queremos que esté contento.

• Vendemos muchos a empresas como la suya. Pero si por alguna razón a su empresa no le gusta, le ofrecemos un reembolso completo o un reemplazo.

• Estamos tan seguros de nuestro precio competitivo de este artículo, que igualaremos cualquier precio anunciado o que pueda encontrar hasta 45 días después de la entrega.

RESPUESTA ROJA DE VENTAS: Nadie se quiere arriesgar, pero todos quieren las recompensas del riesgo. Puedes lograr que decidan, y puedes lograr que se sientan más cónodos por medio de identificar y eliminar los riesgos al comprar de ti. Toma nota: Si el riesgo es el precio, entonces la compensación es el valor.

El riesgo es real. Y es un obstáculo real para la venta. Y, con demasiada frecuencia, los vendedores juzgan mal el riesgo por una objeción y siguen presionando para cerrar la venta. (¿Alguna vez has tenido un vendedor insistente que parecía más interesado en tu cartera que en tu seguridad?).

Los riesgos son emociones internas que se juzgan y justifican lógicamente en la mente del posible comprador.

No existe "un" remedio. Así que esto es lo que hay que hacer:

1. Identifica tus riesgos.

2. Crea los correspondientes "eliminadores" o incluso "preventivos" de riesgos.

3. Pruébalos con los clientes potenciales que se resisten sin motivo aparente.

4. Domínalos para que sus clientes potenciales compren más a menudo.

4,5. Enséñalos a todos

HE GUARDADO LO MEJOR PARA EL FINAL: Hay UNA técnica que puede funcionar tanto para encontrar el riesgo como para cerrar el trato. PERO es una técnica delicada que requiere dominio a través de la preparación y la práctica.

La estrategia se llama: ¿Cuál es el riesgo? ¿Cuál es la recompensa? Cuando un cliente potencial dude, simplemente pídele que enumere los riesgos de la compra. Escríbelos. Ayúdale a pensar en otros. Si el cliente potencial dice "No estoy seguro", pregúntale: "Podría ser...". Cuando consideras que la lista está completa, pídale que enumere las recompensas. Escríbelas y adórnalas todo lo posible sin vomitarle encima.

A continuación, elimina los riesgos uno por uno con frases hechas como: Supongamos que pudiéramos... ¿Sabías que... Creo que podemos... Luego simplemente pregunta: "¿Ves alguna otra razón para no seguir adelante?".

> # De uno en uno,
> # ladrillo a ladrillo,
> # elimina los riesgos que
> # el comprador percibe
> # como errores fatales
> # en su proceso
> # decisión.
> # Luego resalta
> # las recompensas,
> # tanto las emocionales
> # como las lógicas.

Si el cliente está cualificado, tiene una necesidad declarada, lo quiere... y se ha convertido en libre de riesgo, entonces tienes la recompensa.
El pedido.

Bit 🏃rojo gratis: ¿Quieres conocer tres alarmas de riesgo? Tres formas de determinar que el "riesgo" puede ser el motivo de que no compren. Claro que sí. Entra en www.gitomer.com/redbook, descarga *The Very Little Book of Red Bits* y busca RISK.

Pepitas rojas

La barrera más grande a una venta es el riesgo no mencionado que un cliente potencial percibe. Cada vez que dices una palabra o realizas una acción en el proceso de venta, el cliente potencial emite un juicio: sobre ti y tu producto o servicio. ¿Compro o paso? ¿Me agrada este tipo? ¿Confío en él? ¿Le creo? El cliente potencial sopesa varios factores, pero el principal es: ¿Cuál es el riesgo de comprar frente a la recompensa de la adquisición? El factor secundario es: ¿cuál es la necesidad frente a cuál es el valor? Si la recompensa es alta y el riesgo es bajo, si la necesidad es alta y el valor es alto, entonces el pedido es casi seguro. El problema es que el comprador se guarda esta información para sí mismo. Sus "cartas ocultas", si juegas al póquer. Y no las va a mostrar a menos que "llames". Pones tus fichas para ver sus cartas. Una vez que estos factores son descubiertos. Una vez que muestra sus cartas, ha revelado su "motivo para comprar", la pieza más fuerte de información de ventas que puedes obtener. También es la información más difícil de obtener. Sigue leyendo...

Si eliminas el riesgo, comprarán. Si no lo eliminas, no comprarán y no sabrás por qué. Así que tienes que preguntar al cliente potencial, igual que preguntas por la venta. ¿Cuál es el riesgo frente a cuál es la recompensa? La segunda pregunta que hay que hacerse es: ¿cuál es la necesidad frente a cuál es el valor? La diferencia (y el poder) de estas preguntas es que cuando preguntas sobre riesgo/recompensa y necesidad/valor, obtendrás respuestas mejores, más inteligentes y más honestas. Son preguntas de ventas de alto nivel. Infunden respeto y generan un mayor nivel de entendimiento mutuo. Y esas respuestas le llevarán a una venta. Sigue leyendo...

Sin riesgo no hay agallas. "Sin riesgo no hay recompensa" es un refrán que he escuchado un millón de veces. Y es erróneo. Yo digo: "Sin riesgo, no hay nada". Cualquier vendedor que no esté dispuesto a arriesgar debería dejar las ventas. No solo riesgo al pedir la venta. Riesgo en la prospección, riesgo en la llamada en frío, riesgo en la lucha contra la competencia, riesgo en el seguimiento creativo y riesgo en mantener tu precio al creer que conoces las verdaderas intenciones del prospecto. El riesgo, o el factor riesgo, en la venta impregna todos los aspectos del proceso. Y las personas que no están dispuestas a arriesgarse suelen perder frente a las que sí lo hacen. Yo las llamo "agallas de venta", y la mayoría de los vendedores (hombres y mujeres) no las tienen. A finales de este año sacaré una línea de agallas de ventas. Vendrán en un paquete de dos (por supuesto) e incluirán instrucciones completas sobre cómo utilizarlas. Hasta entonces:

Arriésgate más de lo que te atreves. Harás más ventas de las que esperas. Esa es la fórmula.

Principio 11

CUANDO LO DICES DE TI MISMO, ES PRESUMIR. CUANDO OTRO LO DICE DE TI, ES PRUEBA.

- ¿Quién testificará a tu favor?
- Lleva a tu cliente contigo en tu próxima llamada de ventas.

Pepitas ♞ rojas

- ¿Quién vende mejor su producto, usted o el testimonio de su cliente?
- Los testimonios son la única prueba que tienes.
- La persona más poderosa de su equipo de ventas es tu cliente.
- El secreto del poder de los testimonios.

Este es un magnífico testimonio acerca de nuestra línea de productos, Ted. Simplemente no se puede comprar esta clase de alabanza, entusiasmo y sinceridad. Dile a tu mamá que se lo agradecemos mucho.

¿Quién testificará a tu favor?
Tus clientes.

Testimonios. El método más poderoso para hacer una venta. Y también el recurso más desaprovechado a la hora de crear un mensaje de mercadeo.

Cada vez que veo un testimonio, lo leo con interés por dos razones. La primera, por supuesto, es ver qué dice. Y la segunda es determinar si influye en mi decisión de compra. ¿Me incita a actuar? O me quedo con la sensación de "¿Y qué?

Los testimonios pueden vender cuando los vendedores no pueden vender.

Uno de los principios de venta del fallecido John Patterson era: "La publicidad crea conciencia, la publicidad testimonial crea clientes". Lo que quería decir era que un anuncio te marca, pero un anuncio testimonial puede crear acción hacia ti.

Cuando uno dice algo de sí mismo, está presumiendo. Cuando otras personas lo dicen de ti, es una prueba. Esa es la esencia del testimonio.

Toma un momento antes de seguir leyendo y observa los testimonios escritos que estás utilizando. ¿Te harían coger el teléfono y comprar? ¿O te dirían lo mismo de siempre: "Es maravilloso hacer negocios con ellos. Llevo 10 años haciendo negocios con ellos". Es una afirmación pasiva que suena bien, pero que no tiene ningún poder de compra.

Permíteme darte un ejemplo:

El gran Ty Boyd fundó una de las mejores escuelas de oratoria y técnicas de presentación del mundo aquí mismo, en Charlotte, Carolina del Norte, llamada Excellence in Speaking Institute (Instituto de excelencia en la oratoria). Miles de personas asisten cada año, y les encanta. Ty quiere usar una campaña de testimonios. Uno de sus alumnos dijo:

"¡Guau! Qué experiencia tan tremenda... mucho más allá de mis expectativas. Usted y el Instituto son los mejores".

QUEJA ROJA:

Me dieron una objeción que no pude superar.

Demasiado general.

Para ser más eficaces, los testimonios deben tener un mensaje específico. Los mensajes generales tienen poco impacto.

He aquí algunos ejemplos:

- **He superado mi miedo a hablar.**

- **Mejoré mis habilidades un 300% en tres días.**

- **Cuando me vi por primera vez en video, no era tan bueno (de hecho, era horrible); ahora soy mejor en un 1000%; un programa increíble, unos resultados increíbles.**

- **Ahora puedo dar discursos y dirigir reuniones.**

- **Ahora mi gente me escucha de verdad.**

- **Mejorar mi capacidad de oratoria me ha ayudado a elevar mi capacidad de liderazgo a un nuevo nivel.**

- **Mi capacidad de oratoria ha mejorado un 100%.**

- **Mi nivel de confianza en mí mismo ha mejorado un 1000%.**

- **Las mariposas en mi estómago han sido reemplazadas por habilidades para toda la vida.**

- **No dejes que el precio se interponga en tu camino hacia el éxito.** Yo invertí en él ha valido la pena.

NOTA: Usar el nombre de una persona en un testimonio no es importante (a menos que se trate de una celebridad). El nombre de una gran empresa es eficaz, pero no es necesario a menos que se trate del director general.

¿Qué debe decir un testimonio escrito?

Un testimonio escrito debe redactarse de forma que elimine un riesgo o neutralice un temor. Debe estar redactado de forma que muestre un beneficio de valor o una mejora específica.

Un testimonio debe mostrar una acción y hacer una llamada a la acción. "Antes usaba un competidor, me cambié a ABC, usted también debería".

Un testimonio debe superar una objeción. "Pensé que su precio era demasiado alto, lo compré de todos modos, me di cuenta de que tenían el mejor valor".

Un testimonio debe reforzar una afirmación. "Aumenté mi productividad. Obtuve más beneficios".

Un testimonio debe tener un final feliz. "Facilidad de uso. Rapidez de servicio. Ahora a mi gente le encanta usar la fotocopiadora".

Luego está el secreto tácito de los testimonios: ¿Cómo se consiguen? La respuesta es la misma que para las recomendaciones. Hay que ganárselos. La diferencia con los testimonios es que a menudo hay que ganárselos y pedirlos.

Incluso está bien preguntar al cliente lo que quieres que diga, Si lo que quieres que diga es la verdad. Lo único peor que un testimonio exagerado es el cliente potencial que te compró y descubrió que el testimonio era exagerado.

QUEJA ROJA:

Creo que el tipo no me creía.

Puedo hacerte una promesa sobre los testimonios. Una garantía irrefutable. Funcionan.

También puedo hacerle esta advertencia. Deben utilizarse de la manera adecuada o perderán su poder. A menudo los vendedores utilizan los testimonios para entrar por la puerta. Obviamente, si esa es su única manera, hazlo. Pero el poder de los testimonios es la prueba que ofrecen en el momento en que el cliente está listo para decidir. Los testimonios deben utilizarse al final del ciclo de ventas para disipar cualquier duda, reducir todo riesgo, fundamentar el valor y allanar el camino hacia el pedido.

ACTÚA YA: Haz una lista de los diez clientes que más te quieren. Llámalos ahora, cuéntales lo que necesitas y busca la forma de quedar con ellos para desayunar o comer, de modo que puedas proporcionarles algún tipo de valor (una idea o una pista) y, al mismo tiempo, ganarte el premio de tu testimonio.

Si te sientes incómodo por pedir este favor a tu cliente, te desafío a que tu relación con él es débil. Tan débil que tu competencia podría ganártelo como cliente.

Los testimonios son poder y prueba de que eres lo que dices ser. La falta de testimonios es debilidad y prueba de que no eres lo que dices ser.

Bit ✗ rojo gratis: ¿Quieres las 4,5 mejores maneras de ganarte un testimonio? Visita www.gitomer.com/redbook, descarga *The Very Little Book of Red Bits* y busca TESTIMONIAL.

Llévate a tu mejor cliente en tu próxima visita comercial.

¿Quién es el miembro más poderoso de tu equipo de ventas? Un cliente satisfecho.

Puede vender más, presumir y superar a cualquier persona de tu empresa, incluido el director general. ¿Por qué? Por su testimonio. Es la prueba viviente de que tu producto o servicio es el mejor.

TESTIMONIOS

¿Quieres llevar a tus mejores clientes en una visita de ventas? Lo puedes hacer si haces un video donde expresan su satisfacción. ¿Te parece demasiado sencillo como para ser verdad? Bueno, hay un pequeño detalle. Tiene que ser un video de calidad. Uno que refleje tu imagen y que cuente tu historia de una forma guionizada y significativa. Un video con dirección y estilo.

"Llevamos a nuestros clientes potenciales y clientes a la conciencia del tema subyacente y el objetivo de utilizar un video como parte de una presentación de ventas: '¿Qué quiere que ocurra cuando se saque el video de la videograbadora?', desafía Tim Butler, vicepresidente y director de ventas de Sunbelt Video en Charlotte, Carolina del Norte. "La respuesta a esa pregunta es el secreto poco conocido de un video de éxito".

QUEJA ROJA:

No pude lograr que el cliente viera cómo se usa el producto.

"Demasiadas empresas no conocen los elementos de un video de éxito, o hacen videos por las razones equivocadas", añade Butler. "El video le

llevará a una venta, pero no hará la venta: ese es el trabajo del vendedor. Debe haber una transición fluida entre el "final del video" y el "siguiente paso en el ciclo de ventas". Nuestro éxito ha llegado haciendo videos 'a propósito', 'con un propósito', para lograr un objetivo predeterminado'".

Habrás oído la expresión "Es lo más parecido a estar allí". Pues bien, un video de ventas puede ser lo más parecido a estar allí. He aquí por qué: los videos no olvidan, los videos nunca tienen un mal día y los videos siempre piden la venta (si le dices). PERO, el video es el mensaje, el vendedor es el mensajero. Ambos deben estar presentes para obtener los máximos resultados.

Algunos consejos de producción para realizar tu video:

• **La alta calidad merece la pena.** Gástate el dinero para hacerlo bien.

• **El video es lo que tú pones en él.** Puedes crear el mensaje que quieras.

• **Menos es más.** La duración óptima es de 5 a 8 minutos.

• **Antes de empezar el tuyo, mira los videos de otras personas, varios.** Hazte una idea de lo que quieres y de lo que no quieres.

• **Haz que tu video sea real.** Relájate y muéstrate animado.

• **Selecciona previamente qué partes (segmentos de venta) quieres incluir, y escribe un guión antes de empezar.**

• **Y el mayor secreto: lo que se dice de ti es diez mil veces más poderoso que lo que tú dices.** Deja que tus clientes satisfechos cuenten la mayor parte posible de tu historia.

RESPUESTA ROJA DE VENTAS:
Tu cliente puede superar cualquier objeción. Tu cliente puede librarse de cualquier incredulidad. Tu cliente puede explicar cómo se puede usar el productio para recibir beneficios y ganancias. tu cliente es mejor para vender que tú.

He aquí otra expresión que habrás oído: "Una imagen vale más que mil palabras". He aquí la versión del siglo XXI de esa expresión: Una imagen de video vale una venta.

¿Cuánto vale un video? Hazte estas cuatro preguntas y la respuesta será evidente:

1. **¿Cuánto vale tu imagen?**

2. **Cuánto vale un nuevo cliente?**

3. **Cuánto vale un mensaje de ventas coherente?**

4. **¿Cuánto vale un equipo ventas capacitado?**

Oigo que las empresas tienen peleas presupuestarias sobre si deben tener una herramienta de ventas por video o no. Qué chiste. Un puñado de no-vendedores intentando dictar el futuro de la empresa y omitiendo una herramienta vital que les llevará al éxito. Es como decir: "Compremos ese gran barco de ahí... pero, ah, no compremos el motor, cuesta demasiado". ¡Digo! Si un video no entra en tu presupuesto, amordaza (o despide) a los encargados de controlar el presupuesto, recórtate el sueldo o endeúdate para conseguirlo. Es así de valioso.

Llévate a su mejor cliente en tu próxima visita de ventas. (Llévatelos en video).

Nota del autor: Hice mi primer video de ventas hace dos años. Me costó más dinero del que tenía. En los últimos 24 meses me ha ayudado a hacer más ventas de las que podía contar. Este año estoy haciendo uno nuevo, y gastando cuatro veces más de lo que gasté en el primero, que no me podía permitir. Y (gracias a mi primer video) este año me lo puedo permitir.

Pepitasrojas

¿Quién vende mejor tu producto, tú o el testimonio de tu cliente? Tu cliente puede venderte cien veces más que tú. Y aunque lo sabes intuitivamente, sigues pensando que tienes que "vender" y "educar" al cliente potencial. No hay nada más poderoso que las palabras de un cliente que está encantado contigo, diciéndole a un cliente que está pensando en hacer negocios contigo que ¡LO HAGA! ¿Vas a creer a tu vecino de al lado, que acaba de comprar un coche como el que quieres, o a un vendedor de coches? Al vecino, por supuesto. Lo mismo con tu negocio.

Los testimonios son la única prueba que tienes. Mi "mantra testimonial" durante años ha sido: "Cuando lo dices de ti mismo, es presumir. Cuando otro lo dice de ti, ¡es PRUEBA!". Sabiendo esto, pensarías que TODAS las organizaciones de ventas y vendedores utilizarían testimonios como la columna vertebral de tu mensaje de ventas. Y estarías equivocado. Es el aspecto más desconcertante de la venta que jamás he visto.

La persona más poderosa de tu equipo de ventas es tu cliente. Sabiendo eso, ¿por qué no llevas a tu cliente contigo en las llamadas de ventas? Son mejores que tú para cerrar la venta. Mucho mejores. Tu cliente, tu gato y tus hijos venden mejor que tú. Eres el PEOR VENDEDOR de tu equipo.

TESTIMONIOS

Secreto de poder testimonial. La mayoría de los vendedores están tan empeñados en conseguir un testimonio, que consiguen el tipo equivocado, Y no consiguen captar el elemento más importante de una venta: Los motivos de compra.

Pedir a un cliente
que te cuente sus razones
para comprarte
te conseguirá cientos
de ventas más
del mismo tipo.

Los motivos de compra son
1.000 veces más poderosos
que las habilidades de venta.
Que sean 10.000.

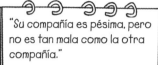

"Su compañía es pésima, pero no es tan mala como la otra compañía."

"Despidieron a mi jefe por hacer negocios con su empresa y ahora yo tengo su puesto. ¡Gracias!"

"Sus representantes de ventas son muy buenos en

"¿Estos son los mejores testimonios que pudimos conseguir?".

¿Qué están diciendo tus clientes de ti?

Principio 12

¡ LAS ANTENAS EN ALTO!

- **Usa tu sexto sentido, el sentido de ventas.**

Pepitas ℞ rojas

- ¿Cuál es tu factor de enfoque?
- Las antenas arriba en todo momento.
- El factor de conciencia que siempre está presente
- El baño de hombres en el Aeropuerto La Guardia
- En el vuelo a Dallas

Soy tu hada de ventas y vengo contigo con tres deseos:
trabaja duro, trabaja duro, trabaja duro.

Usando tu sexto sentido... el sentido de ventas
Recupera el sentido... el sentido de la venta.

¿Cómo vendes? Muchos no tienen capacitación y se guían por su "instinto". Muchos dicen: "Simplemente sigo el proceso instintivamente". Genial... espero que no decidas cambiar y dedicarte a la cirugía cerebral.

La respuesta es usar tus "sentidos internos". Si controlas estos sentidos y los sentidos dominantes que irradias son positivos, puedes hacer ventas... muchas. La gran pregunta es: ¿Irradias los sentidos positivos o los negativos?

¿De dónde provienen tus sentidos internos? Tu mente controla los sentidos que te llevan al éxito (de ventas). Los sentidos positivos conducen a resultados positivos. Nada de cirugía cerebral.

Aquí están los 6 sentidos positivos de las ventas:

1. **El sentido de confianza.** Ese aire que tienes que tiene su origen en la preparación y las victorias anteriores. Lo mejor de la confianza es que es contagiosa. Puedes contagiarla a tus clientes potenciales. (No confundas la confianza con su gemela malvada: la arrogancia).

2. **El sentido de la anticipación positiva.** Todo el mundo ha leído el mejor libro sobre el tema antes de los cinco años: "La pequeña locomotora que pudo". Creo que puedo, creo que puedo. Pensar que puedes es el 50% del resultado. (También lo es pensar que no puedes).

3. **El sentido de la determinación:** el sentido de aguantar pase lo que pase. Determinación es que el posible cliente te diga "no", y tú lo oigas como "todavía no".

4. El sentido de logro: Todo el mundo se esfuerza inconscientemente por conseguir sus objetivos. El sentido de logro proviene de la repetición de la satisfacción que obtuviste al realizar tu última venta. ¿Recuerdas lo bien que te sentiste?

5. El sentido de ganar: Todo el mundo quiere ganar, pero solo unos pocos lo consiguen. Eso se debe a que la voluntad de prepararse para ganar debe superar a la voluntad de ganar.

6. El sentido del éxito: Es el sentido más difícil de dominar, porque debes sentirlo antes de realmente. Esa tranquila sensación de tener dinero en el banco. Una actitud de "puedo hacerlo". Y un camino bien iluminado delante de ti. El sentido del propósito positivo.

Bastante fácil hasta ahora. Pero... la trama se complica. Hay 8,5 sentidos negativos que la mente subconsciente presenta y proyecta al vender:

1. **El sentido de miedo.**

2. **El sentido de nerviosismo.**

3. **El sentido de rechazo.**

4. **El sentido de procrastinación o desgana.**

5. **El sentido de justificación/razonamiento.**

6. **El sentido de duda de sí mismo.**

7. **El sentido de incertidumbre.**

8. **El sentido de fatalidad.**

8,5. **El sentido de "tengo mala suerte".**

Ten cuidado con estos sentidos negativos: son bloqueadores mentales e impedirán que se produzca el éxito (la venta).

Los sentidos negativos bloquean tu capacidad para enfocarte en los sentidos positivos, los creativos que generan el éxito. La forma más poderosa de deshacerse de los sentidos negativos es contrarrestarlos con pensamientos y palabras positivas (es decir, no quejarse ni culpar a los demás).

El equilibrio es delicado por definición. El contrapeso lo es aún más. Es un acto simultáneo de ahuyentar los sentidos negativos y enfocarse en los positivos. Significa aprovechar y autodirigir tu proceso de pensamiento interior. Suena sencillo, pero no es fácil: por eso tan pocos alcanzan la grandeza.

Para complicar aún más las cosas, no estás "sintiendo" solo. El cliente potencial también tiene sentidos. Y a menudo puede percibir los tuyos, especialmente los negativos. Si tus sentidos negativos, como el miedo y la duda, dominan tu presentación, preocuparán al cliente potencial. Resultado: El cliente potencial se pondrá nervioso y eso alterará su capacidad de captar un mensaje claro. ¿Tiene sentido?

La gran noticia sobre los sentidos de las ventas es que tienes el control total. Puedes convertir los sentidos negativos en sentidos positivos con una combinación de dedicación al aprendizaje permanente y el logro de una actitud positiva. Estos estudios te llevarán a emprender acciones positivas.

Earl Nightingale, en su legendaria grabación "El secreto más extraño", dice: "Te conviertes en lo que piensas". Nunca se han dicho palabras más ciertas. Pero el secreto de "El secreto más extraño" es... Es una autodisciplina dedicada que debe practicarse todos los días. ¿Cuán cerca de "todos los días" estás?

El aspecto más interesante de "El secreto más extraño" es que contiene el contrapeso para convertir todos tus sentidos destructivos en constructivos empleando el sentido más fuerte de todos: el sentido común.

Pepitas rojas

¿Dónde está tu factor de enfoque? ¿Dónde está tu atención? Johnny, presta atención". Estoy seguro de que oíste esas palabras cientos de veces mientras crecías. Todo lo que tienes que hacer es sustituir tu nombre por el de Johnny. Pensabas que te estaban regañando. En realidad te estaban dando una de las lecciones más valiosas de la vida: ¡Presta atención! Ahora ya eres mayor y todavía no has aprendido la lección. Estás más enfocado en ti mismo que en tu mundo. O debería decir el mundo que te rodea. Cuando estás enfocado en ti mismo (es decir, en tu aspecto, en lo que llevas puesto, en lo que los demás piensan de ti) estás desviando tu "energía de enfoque" de tu éxito. Enfoque significa propósito intenso, y cuando desperdicias ese enfoque en ti mismo, vas a perder las oportunidades que te rodean. Estás "fuera de foco". Todo el mundo te dirá que te enfoques o que te enfoques más, pero muy pocos te dirán CÓMO enfocarte. Las palabras más fáciles para describir el "enfoque" son "sé consciente". Sé consciente de lo que te rodea y de quién te rodea. Suena sencillo, pero significa que tienes que cambiar "egoísta e inseguro" por "abierto y seguro de ti mismo". La mejor forma de explicarlo es ponerte un par de ejemplos.

"Antenas en alto" en todo momento. Mi mentor y amigo Earl Pertnoy me ha predicado esas palabras durante más de veinticinco años. No me importa dónde estés: los baños, las colas de los aeropuertos, los vestíbulos de los hoteles, los lavaderos de coches, los ascensores y los restaurantes son lugares propicios para establecer contactos si estás alerta. Sigue los consejos de Earl como yo y conseguirás la oportunidad de venta o el trato que no esperabas.

El factor de estar siempre alerta. La filosofía de "antenas en alto" empieza con la conciencia de tu entorno inmediato. Si quieres convertirte en un vendedor experto, gran parte de ello tiene que ver con tu comprensión y aprovechamiento de dónde estás, con quién te encuentras y qué dices. Si estás en un evento, tu trabajo es mantener las antenas levantadas hasta que conozcas a los actores clave, cueste lo que cueste. Puede que tengas que preguntar a alguien: "¿Dónde está el pez gordo?". Puede que tengas que mirar cada etiqueta con el nombre. Puede que tenga que quedarte hasta que todo el mundo se haya ido. Incluso puede que tengas que quedarte al lado de la persona hasta que termine la conversación que está manteniendo con otra persona. Pero si tus antenas están en enfocadas en una botella de cerveza, o con tus amigos, o buscando más comida, lo más probable es que estén apuntando en la dirección equivocada. Y no solo no ganarás, sino que perderás frente a alguien cuyas antenas están apuntadas en la dirección correcta.

Historia verídica: El baño de hombres en el aeropuerto LaGuardia... Bajé del avión y tuve que usar el sanitario. Los baños de hombres en LaGuardia están llenos de urinarios. También hay que entender la regla de los sanitarios de los caballeros: los hombres no hablan. Orinan, se lavan las manos y se van. Por casualidad, miro a mi izquierda y veo a Hal Linden (alias Barney Miller) y le digo (mientras orinamos): "El gran igualador de los hombres". Empezó a aullar. Casi orina sobre sus zapatos, que por cierto eran Hush Puppies. Le pregunté: "¿Vas a la ciudad?". Dijo: "Sí". Le dije: "¿Quieres compartir un taxi?" Dijo, "claro". Y nos dirigimos a la ciudad a través del distrito Astoria de Queens, donde vivía Archie Bunker y estaba la comisaría de Barney Miller. Fue un viaje estupendo. Cuando llegamos a la ciudad, él pagó todo. Mis antenas estaban en alto. Tuve las agallas de hacer el intercambio, y gané. ¿Gané a lo grande? No, pero me divertí. En el juego de las antenas, no siempre se trata de ganar a lo grande. Se trata de pasarlo bien y de practicar. Nunca dejo de mantener las antenas en alto y nunca dejo de aprovechar la oportunidad cuando se presenta. Usted tampoco debería.

Historia verídica: En un vuelo a Dallas. El otro día estaba volando de Búfalo a Dallas. Como de costumbre, tenía las antenas en alto. Sentado a mi lado en el avión estaba el quarterback del Salón de la Fama, Jim Kelly. Charlamos un poco, pero desde luego, yo no quería sacar a relucir las palabras "Super Bowl". Así que empecé a contarle que era autor y conferenciante, y que de hecho había estado en el mismo programa que él un par de veces y tenía un par de balones suyos autografiados. Sonrió. Le dije: "Como orador destacado y autor, probablemente quiera mi autógrafo". Así que autografié mi tarjeta de embarque y se la entregué. Se quedó boquiabierto y, al cabo de 30 segundos, le dije, "No sería problema para mí que autografiaras la tuya y me la dieras". Se rió, autografió su tarjeta de embarque y me devolvió las dos. Fue divertido.

Es importante que entiendas que enfocarte y venderte no es cuestión de tácticas. Vender no es cuestión de técnicas. Vender es concentración e intercambio verbal creativo. Y la única forma de dominar el enfoque es trabajar en ello.

¿Antenas en alto?
¡Antenas en alto!

Principio 12,5

RENUNCIA A TU PUESTO DE GERENTE GENERAL DEL UNIVERSO.

"Sé que todos son un desastre menos yo".

Ya tienes todos los principios necesarios para triunfar como vendedor. Te has exigido mucho, estás preparado para ganar, tu marca es conocida, vendes por el valor, tratas con tus clientes cara a cara, hablas con la persona que toma la decisión, eres atractivo, divertido, creativo, has reducido su riesgo, usas testimonios para completar la transacción y tienes las antenas en alto.

Pero aún hay más. Necesitas pegamento. Necesitas entender cómo hacer tuyo cada uno de estos principios. Tienes que dominar estos principios.

Y la primera parte de eso es dominarte a ti mismo. La mayoría de la gente está atrapada en el drama de otras personas. ¿Mintió Bill Clinton? ¿La mató O.J. Simpson? ¿La violó Kobe Bryant? ¿Se casará Ben con J. Lo? Contesta: ¿A quién le importa? Mejor respuesta: ¿Cómo afecta alguno de estos acontecimientos a tu vida? Mejor respuesta: No afectan. Sin embargo, pasarás decenas o cientos de horas enfocado en esta mierda a expensas de tu propia carrera y tu propio éxito. Acerquémonos más a casa.

Tienes un jefe, tienes un equipo de vendedores, tienes clientes, quizá proveedores, tienes amigos, y todos ellos tienen vidas, problemas y situaciones.

No te metas con ellos.

Cada vez que metes tus narices en los negocios de otros, arriesgas 3,5 cosas:

1. Unirte a su fiesta de autolástima promulgando aún más su situación

2. Dar malos consejos

3. Malgastar tu propio tiempo, que podrías dedicar a aprender, vender y ganar dinero

3,5. Recibir un puñetazo en la nariz

QUEJA ROJA:

Todo mundo tiene un clóset desordenado menos yo.

Si sumas el tiempo que dedicas a cosas que no te incumben, que no te conciernen o en las que no puedes influir (noticias, repeticiones de programas de televisión y otras porquerías), podrías haber sido el mejor vendedor del mundo, un columnista sindicado o un escritor. Pero no, prefieres tirar tu tiempo por el desagüe pensando que eres una especie de salvador de la humanidad, cuando en realidad es todo lo contrario. Salva primero tu propio trasero.

Cuando hayas dominado tu propia autodisciplina... Cuando hayas dominado la ciencia de la venta... Cuando hayas dominado tu actitud personal positiva para siempre... Cuando hayas dominado convertirte en un presentador dinámico... Cuando hayas dominado tus propios asuntos financieros... Cuando hayas dominado tu propia vida familiar... Cuando hayas dominado tu propia vida personal, entonces y solo entonces deberías empezar a pensar en meter las narices en los asuntos de los demás.

Lo sé, esto parece un poco duro, y al final de un libro uno tiende a querer que todos vivan felices para siempre y que el paquete quede bien atado.

No es eso lo que quiero.

Lo que quiero es que vuelvas al principio del libro y utilices este último capítulo como impulso e incentivo para poner en práctica el primer principio, exígete a ti mismo. Es un ciclo. Un ciclo de ventas. Tu ciclo de ventas.

En 1972, cuando nacieron los gemelos, yo estaba en un matrimonio terrible, estaba arruinado y estudiaba actitud positiva a diario. Leí por primera vez la frase: *Renuncia a tu puesto de director general del universo.* He buscado y no encuentro su origen. Ojalá pudiera. Ojalá pudiera decirte que yo creé esta frase, pero no puedo. Lo que sí puedo decirte es que he utilizado esta filosofía como uno de los pilares de mi éxito. La razón por la que la he dejado para el final es porque es la menos evidente y la más difícil.

Todo el mundo viola el principio de *renunciar a su puesto como director general del universo*. Incluso yo. La diferencia entre tú y yo es que yo lo violo menos que tú. La gente acude a mí todo el tiempo porque soy tan bueno en ventas que creen que también soy bueno en la vida, y a menudo me piden que les ayude a resolver una "situación". Las dos únicas cosas que hago son contarles mis experiencias personales y lanzarles el reto de las tres palabras: Busca ayuda profesional. No soy psicólogo, ni psiquiatra, ni mucho menos consejero matrimonial, solo soy vendedor y padre (no en ese orden).

QUEJA ROJA:

Estoy rodeado de personas con terribles…

Lo más parecido a un consejo es una pregunta que me hacen a menudo: "¿Qué debería hacer con mi carrera?" o "¿Debería buscar otro trabajo?" o "¿Qué tipo de puesto de ventas debería aceptar?". Son grandes preguntas. Son preguntas vitales. No voy a darle a nadie una respuesta concreta sobre qué hacer. En primer lugar, eso les libera de enfrentar su propia responsabilidad, en segundo lugar, no quiero imponer mi voluntad sobre la suya. Soy persuasivo y para muchos soy influyente. No es una lucha justa. El consejo que les doy es el mismo que te daría a ti. Encuentra

algo que te guste, algo en lo que creas, un entorno divertido y gente a la que respetes, y lánzate.

Eso es lo más cerca que estoy del universo de otra persona. Y tú tienes que hacer lo mismo si quieres alcanzar cualquier nivel de éxito en tu carrera personal.

La razón por la que te he pedido que "renuncies" es que ya estás en medio de un centenar de cosas en las que no puedes influir en el resultado o, peor aún, puede que incluso te culpen del resultado. Sal de ahí lo más rápido que puedas. Cierra las puertas, enciende una luz, toma un libro y un resaltador y ponte a leer.

Si conviertes el tiempo que actualmente pasas en el universo de otra persona al tuyo propio, en menos de cinco años podrás ser el rey de tu universo. Cuando alcances el estatus de rey podrás empezar de nuevo a hacer la corte. Pero apuesto que no quieres.

Renunciar a tu puesto de director general del universo es el mejor paso que puedes dar para recuperar el tiempo que dices que no tienes, y darte una nueva oportunidad de alcanzar un nivel que hasta ahora solo habías soñado y no habías podido lograr.

RESPUESTA ROJA DE VENTAS:

Por fin me me deshecho de todo lo que tenga la palabra terrible, incluyendo las personas. Ahora me estoy enfocando en hacer que mi vida sea perfecta (y vaya que tengo un largo camino que recorrer).

En el momento en que decidas renunciar, habrás elegido un camino más fácil hacia el éxito personal.

Tú eliges.
Cuanto menos tiempo pases en los asuntos ajenos, los problemas ajenos y el drama ajeno, más tiempo tendrás para tu propio éxito.

Jeffrey Gitomer

Unas cuantas más fórmulas *ROJAS* que puedes usar para obtener éxito:

Ahora que has leído los principios, todavía hay algunas directrices que debes *comprender* para dominarlos. En las páginas siguientes obtendrá una mejor imagen mental de lo que tú, el vendedor, debes hacer para tomar los principios que ha leído y convertirlos en dinero.

Pasa la página...

Creo que puedo. Creo que puedo.
Creí que podía. Creí que podía.

El pequeño vendedor que pudo.

Una historia. Una filosofía. Una estrategia. Una fórmula. Una victoria. Una GRAN victoria.

He tenido más de 50 cumpleaños. Y digamos que ya no me emocionan tanto como antes. Sin embargo, son más estimulantes. Me hacen pensar más. Y cada vez más intensos. Creo que hay un viejo dicho que dice: "La llama arde más brillante cerca del final". Y no es que yo sienta que estoy cerca del final, pero desde luego siento que la llama arde con más intensidad.

Empecé a pensar en mis libros favoritos. Y durante más de cincuenta años, mi libro favorito ha sido *La pequeña locomotora que pudo*. Trata de un tren que intenta subir una colina. Otros intentaban desanimarla, pero ella tenía suficiente apoyo de sus seguidores, suficientes animadoras, para conseguir subir la colina con la eterna frase: "Creo que puedo, creo que puedo".

Naturalmente, mis pensamientos se dirigieron a las ventas. Y por qué no revivir este clásico de 1930 con mi versión de El pequeño vendedor que pudo. Y lo que empezó siendo un pensamiento fantasioso acabó convirtiéndose en un seminario en la Asociación de Constructores de Viviendas de Charlotte.

Pondré mi mejor esfuerzo para recrear los puntos del seminario. Creo que puedo. Creo que puedo.

Para que los vendedores "lleguen a la cumbre" deben tener las mismas cualidades que ese motorcito de 73 años. Y ten en cuenta que por cada maquinita que pudo, hay cien o más que no pudieron.

Es interesante observar que nadie ha escrito nunca un libro sobre la pequeña locomotora que no pudo. También es interesante observar que en 1930 el autor, Watty Piper, tuvo la previsión de hacer de la maquinita una heroína en lugar de un héroe.

He aquí algunos elementos sobre los que te desafío a reflexionar y autoevaluar tu pequeña locomotora. No se trata de técnicas de venta del tipo "cómo hacerlo". Más bien, son elementos de desarrollo personal del "por qué yo". No son "ventas ahora", son "ventas para siempre". No son sobre comisiones. Se trata de riqueza. Y no solo riqueza monetaria. También son riqueza de conocimiento.

1. Tu sistema de creencias total. El tema del libro es también el tema de tu éxito. Creer que puedes conseguir todo lo que te propongas. Debes creer que trabajas para la mejor empresa del mundo, que ofreces los mejores productos y servicios del mundo, y que eres la mejor persona del mundo, o estás en el trabajo equivocado. Una gran confianza en uno mismo conduce a un gran éxito. Una confianza media en uno mismo conduce a un éxito medio. Una baja confianza en uno mismo... ya tienes la idea.

2. La fe impulsa la pasión. La mediocridad se debe más a la falta de fe que a la falta de habilidad. La pasión es el intangible de la presentación de un vendedor que hace que el mensaje sea transferible. La pasión del vendedor crea un deseo de comprar en el corazón y la mente del cliente potencial. La pasión del vendedor convierte la venta en compra. (A la gente no le gusta que le vendan, pero le encanta comprar.) Es una transferencia emocional que luego puede justificarse lógicamente.

3. Tener la actitud de ¡SI! Creo que puedo es un pensamiento de "sí", no solo un pensamiento positivo. Es una determinación positiva con un resultado proyectado positivo. Es más que determinación. Es un SÍ. Una actitud de "sí" se declara en términos de lo que se puede hacer y se declara de un resultado positivo. Earl Nightingale, en su legendaria grabación "El secreto más extraño" dice: "Te conviertes en lo que piensas durante todo el día". Piensa que puedes.

4. Invierte tu tiempo en cosas que te ayudan a tener éxito. ¿Cuántas horas al día dedicas a cosas que "no te ayudan a triunfar"? Pérdidas de tiempo como las repeticiones de la tele, las noticias por segunda vez hoy o el drama de otra persona. ¿Qué podrías lograr si tomaras la mitad de ese tiempo y lo invirtieras en estudiar sobre tu mayor obstáculo empresarial o tu mayor oportunidad de negocio? Supongamos que decides convertirte en un experto en la creación de relaciones. Una hora al día te convertirá en un experto de talla mundial en cinco años. O puedes dedicar esa misma hora a convertirte en un experto mundial en repeticiones del programa "E.R. Sala de Emergencias". La elección es tuya, y de los que te superen. Piensa que puedes dejar de ver tanta tele.

5. Empieza a plasmar tus pensamientos, estrategias e ideas por escrito. Si alguien me preguntara por UNA cosa que puedo señalar para mi éxito, sin dudarlo un nanosegundo, respondería: "escribir". Dentro de un mes, entraré en mi decimotercer año escribiendo esta columna. Éxito es una palabra de bajo nivel cuando describo lo que la disciplina de la escritura ha hecho por mi carrera, mi éxito, mi realización y mi legado. También hay que señalar que nunca empecé a ser "escritor". Me limitaba a aclarar mis ideas sobre mis estrategias, filosofías y métodos de venta, y a publicarlas. Nunca escribí un libro, solo una columna. Sin embargo, la columna se ha convertido en tres libros. Si solo eliges creer UNA COSA de las que te digo: Cree que la escritura te llevará desde donde estás a cualquier lugar al que quieras ir. Piensa que puedes escribir.

6. Toma un curso de escritura. Aprender a escribir te ayudará a plasmar las palabras que estás pensando en pensamientos e ideas claras, concisas y escritas. Personalmente, he descubierto que cuanto más escribo, más ideas se me ocurren y más claras se vuelven. La mayoría de la gente piensa: "No sé escribir" o "No soy buen escritor". La respuesta es fácil. Estudia escritura. Lee a alguien cuya escritura te guste. Escribe tus pensamientos. Haz un curso de escritura. Y luego empieza a perfeccionar tu técnica o estilo. Cuando empecé a escribir, pensaba que era bastante buen escritor. Acabo de releer mis diez primeras columnas. Eran pésimas. Pero pensé que podía hacerlo, lo hice, aprendí y luego me perfeccioné.

TOMA NOTA: Ojalá hubiera una forma de explicar el poder de la palabra escrita. Lo único que puedo decir es reafirmar mi afirmación anterior de que toda buena fortuna empresarial de los últimos 13 años ha venido, de un modo u otro, de la escritura.

7. Toma un curso de algo que te guste. Aprender más sobre lo que te gusta creará una atmósfera positiva y una mentalidad positiva sobre el aprendizaje y los logros. Lo que te gusta hacer, lo haces con pasión. La combinación de aprendizaje, logro y pasión puede hacer que seas un experto de clase mundial en cualquier cosa que creas que puedes hacer.

8. Llega a ser tan experto en Internet que le puedes enseñar a un chico de 14 años y no viceversa. Muchos empresarios adultos son analfabetos informáticos funcionales. Si no tienes tu propio sitio web, ni tu propia dirección de correo electrónico, ni accedes a Internet todos los días, y crees que estás en el mundo de los negocios, piénsalo de nuevo. Las personas que no crecieron en la era de la informática pueden haberla dejado pasar de largo. Tampoco todo el mundo pensaba que los automóviles tendrían éxito. Algunos pensaban que las radios eran tontas. Y alguien, en su infinita sabiduría, pensó que solo habría mercado para dos docenas de computadoras laptop (esta afirmación se hizo tras una exhaustiva investigación). Creo que esa persona es ahora mesero en Shoney's. Si te encuentras en la encrucijada de entrar en Internet y aprender informática, te imploro que pienses que puedes hacerlo. Las computadoras son baratas, el acceso a Internet es más barato, y ambos son herramientas del siglo XXI que son la puerta de entrada a tu fama, fortuna, libertad financiera, realización y diversión.

9. Empieza a aclarar tus ideas en público y, al mismo tiempo, date a conocer como persona de valor. Después de que empecé a escribir, la gente comenzó a llamar y preguntar si yo hablaría en su organización cívica (Rotary, Kiwanis). Me daba la oportunidad de hablar y de escuchar mis pensamientos escritos. Hablar, como escribir, es una barrera de entrada en el mundo del éxito. En lugar de hacer un curso de oratoria, basta con unirse a Toastmasters. Oportunidades para hablar en directo desde la primera reunión (toastmasters.org). Hablar infunde miedo a los que no están preparados. Pero hablar te posicionará como líder y pensador en tu comunidad o en tu sector.

TOMA NOTA: Si escribes tus pensamientos, hablar te resultará infinitamente más sencillo. Una vez superado un poco el miedo, no solo es divertido, sino rentable. También es una puerta abierta (y una cartera abierta) a cualquiera de tu público. Si les agradas, es probable que paguen por volver a verte.

10. Publica algo. Esta columna son mis consejos publicados por otra persona. Ser publicado tiene algo de auténtico. La palabra escrita tiene mucha autoridad y a menudo equivale a credibilidad (a pesar de que sí ha errado seriamente en ocasiones). Ser publicado también significa que alguien cree que tus pensamientos son lo suficientemente valiosos o sólidos como para que otros los lean. Es una afirmación de que tu pensamiento es claro y tu dirección sólida. Es uno de los máximos logros de "creo que puedo, creía que podía".

10,5. Da valor primero. Esta es una filosofía y una estrategia que aprendí por accidente, que se ha convertido en el diferenciador clave entre cómo otros "venden" mientras yo creo la atmósfera para "comprar". He aquí la estrategia de mercadeo(otro accidente) que surgió de esa filosofía: "Me pongo delante de personas que pueden decirme "sí", y primero les ofrezco valor. La trillada e infundada expresión "valor añadido", significa que hay que comprar primero para recibir algún valor. Se habla de incentivo. Mi opinión al respecto es que es algo entre tonto, inexistente, interesado o mendicante.

Mi estrategia (y pronto será un libro) es poner información valiosa en manos de mis compradores más probables para que se beneficien, me conozcan, lleguen a respetarme y luego me llamen queriendo comprar. Esto no es una teoría, es una estrategia que funciona desde hace trece años. Es importante señalar que esta estrategia no fue: "Creo que puedo", simplemente ocurrió como resultado de todos los otros "creo que puedo". Es un "creí que podía". Fue el clásico caso de causa y efecto en lugar de noción preconcebida.

Bueno, ahí está la fórmula. ¿Crees que puedes? ¿O crees que es demasiado trabajo? ¿Por qué no dejas de prejuzgar lo que es difícil o fácil y empiezas comprando (o yendo a la habitación de tus hijos y tomando) un ejemplar de *La pequeña locomotora que pudo*? Es una forma fácil de empezar a pensar. Lo sé, suena simplista, casi cursi, pero también lo es cualquier otro libro de autoayuda jamás escrito. Ridículo, pero exacto.

Acabo de darte un regalo de cumpleaños en mi cumpleaños. Voy a añadir un deseo. Deseo que tomes esta información y la leas tres o cuatro veces. Y deseo que tomes acción de alguna manera que pueda comenzar a ponerte en un mejor camino hacia el logro, el éxito y la realización.

Si me conoces, sabrás que rara vez deseo algo. Quizá porque creo que desear es un mal sustituto del trabajo duro. Puedo desear todo lo que quiera, pero el trabajo duro depende de ti. Y mi opinión al respecto es, por supuesto, que creo que puedes. Creo que puedes.

Las tres palabras más importantes en las ventas.
Tres palabras que definen las ventas…
Tus ventas.

¿Adivina cuáles son? Ganar dinero, servicio al cliente, cerrar ventas, seguimiento. No. Son palabras sobre ventas… Estoy hablando de dos palabras que conducen a las ventas. Pista: Las palabras están separadas.

¿Te rindes? La primera palabra eres tú. Muchos vendedores creen que los clientes compran primero sus productos y servicios. Incorrecto. Lo primero que compran los clientes potenciales es al vendedor. La primera venta realizada eres tú.

Para que se produzca una venta directa, el cliente debe creer primero en la persona que transmite el mensaje. Desgraciadamente, esto es más evidente cuando "tú" eres malo. ¿Alguna vez ha salido de un concesionario de coches porque el vendedor era demasiado insistente o, peor aún, te insultó? Luego te fuiste a otro sitio y compraste el mismo producto porque fueron "amables" contigo. Compraste al vendedor y luego compraste el producto.

¿Alguna vez te ha atendido un vendedor o mesero maleducado y te has marchado sin comprar? No solo te fuiste, sino que les contaste la horrible historia a tus amigos y socios. La persona no podía venderse a sí misma y, por lo tanto, no podía completar una venta que el cliente estaba ansioso por hacer. Increíble, ¿verdad?

Todo empieza por uno mismo. Los clientes potenciales deben creer primero en el mensajero (y le debe agradar), o el mensaje no tendrá credibilidad.

¿Cómo es tu producto personal? ¿Cómo está tu tú? ¿Es vendible o necesita mejoras?

Evalúa tu "tú". Aquí tienes 11,5 cosas que hacen que "tú" seas lo suficientemente fuerte como para hacer una venta. Califícate en cada categoría del uno (deficiente) al diez (el mejor) y comprueba lo bueno que eres. Anota tu puntuación en la caja.

☐**1. Tu imagen.** Tu aspecto afecta a la forma en que te perciben. ¿Cómo es tu aspecto?

☐**2. Tu capacidad para hablar.** Tu capacidad para transmitir el mensaje. ¿Eres miembro de Toastmasters?

☐ **3. Tu capacidad para establecer una buena relación.** Hacer que el posible cliente se sienta a gusto y desarrollar un terreno común como base para avanzar. ¿Haces que la escena sea cálida?

☐**4. Tu actitud. Tu entusiasmo combinado con tu estado de felicidad interna.** No lo que dices, sino cómo lo dices. ¿Eres de lo más positivo?

☐ **5. Tu conocimiento del producto.** Tu capacidad de convicción. ¿Lo conoces en frío?

☐ **6. Tu deseo de ayudar.** El deseo de ayudar se nota, la codicia también. ¿Tu lado de ayuda supera a tu lado de avaricia?

☐ **7. Tu preparación.** Un generador de confianza si lo estás, o un destructor si no lo estás. ¿Te preparas para cada llamada?

☐ **8. Tu humor.** Nada genera mejores sentimientos que el buen humor y una buena carcajada. ¿Sabes hacer reír a los demás?

☐**9. Tu creatividad.** ¿Qué te diferencia de tu competencia? Cómo haces seguimientos que no se limiten a rogar por la venta? ¿Qué hace que hablen de ti? Tu creatividad -¿Cómo es la tuya?

☐**10. Tu sinceridad.** Se muestra de cualquier manera. ¿Eres auténtico?

☐ **11. Tu reputación** (o la reputación que te precede). Si eres muy conocido en la comunidad, o en tu campo, puedes entrar con una ligera ventaja. ¿Cómo es tu reputación?

☐**11,5. Tu pegamento.** La forma en que manejas tu paquete total. Tu estatura. La forma en que te comportas. La forma en que lo pones todo junto. Tu carácter es lo que da credibilidad a lo que vendes. ¿En qué medida estás "bien armado"?

¿Cómo has calificado? La puntuación perfecta es 120. Si has obtenido una puntuación de 110-120, eres un gran "tú", con una gran historia de éxito que contar, y estás dando un gran ejemplo a los demás.

99-100 Eres bastante bueno. Subiendo peldaños y progresando día a día.

70-98 No eres tan bueno como crees. Necesitas un entrenamiento personal diario de 20 minutos.

50-69 Eres mediocre en ventas, y también lo es tu éxito hasta la fecha. Tienes que tomar una decisión. Quédate y mejora cada día, o vete antes de que te despidan, y culpa a otro de todo lo que te pasa.

30-49 Apestas. Ve a la librería más cercana y compra *Cómo ganar amigos e influir sobre las personas* de Dale Carnegie. No salgas de casa hasta que lo leas.

Hacerte a *ti* excelente es divertido. Y hará más ventas que 1.000 técnicas de venta. Ah, y para aquellos de ustedes que tienen un largo camino por recorrer, aquí está el mejor consejo que jamás he oído para empezar (y permanecer) en el camino de ser el mejor -- Eres el más grande, si crees que lo eres.

La segunda y tercera palabra más importantes en la venta es por qué. Es importante porque conduce a lo único sin lo que no se pueden hacer ventas: las respuestas.

La palabra por qué se aplica a tres aspectos de tus ventas (y de tu vida):

¿Por qué tú?
¿Por qué ellos?
¿Por qué preguntar?

Por qué tú: ¿Por qué te dedicas a las ventas? ¿Para ganar "buen" dinero? Falso. Una respuesta mejor (y más veraz) es qué harás con el dinero. Qué comprarás con el dinero. A quién ayudarás con tu dinero. Ese es tu verdadero por qué.

Determinar la verdadera razón por la que te dedicas a las ventas te permitirá entrar en una llamada de ventas con un propósito, una misión. Identificar y desarrollar tu "por qué" te ayudará a conseguir la dedicación y autodisciplina que necesitas para aprender a convertirte en un gran vendedor. Descubrir el "por qué" también te llevará a la convicción de que eres es el mejor.

Creer en uno mismo es la primera y más importante función del proceso de venta. ¿Qué tal tu autoconfianza?

Estrategia de éxito: Escribe tu "por qué" en pocas palabras (ejemplo: "Quiero que mi hijo vaya a la universidad que elija") en tarjetas de 3 "x 5" y colócalas en cinco lugares estratégicos.

1. En el espejo de tu cuarto de baño.

2. En el tablero de tu coche.

3. En la pared de tu despacho, donde puedas verlo (quizá en tu computadora).

4. En el teléfono de tu oficina.

5. En la cartera (cerca del dinero).

Puede que tengas más de un porqué: para obtener mejores resultados, ponlos todos.

Por qué ellos: El mayor error que cometen los vendedores es intentar vender por las razones equivocadas: las suyas propias. La gente no compra por tus razones, sino por las suyas. Así que encuentra primero sus razones (su "por qué") y véndeles por eso.

Averiguar el verdadero "porqué" del cliente potencial es el proceso más importante del proceso de venta.

Estrategia de ´éxito: El verdadero "porqué" que buscas puede tener 3 o 4 preguntas de profundidad. Cuando obtengas una respuesta superficial, vuelve a preguntar por qué. Te acercará a la verdad real.

Secretos para descubrir el "porqué":

• Las personas pueden sentirse avergonzadas o reacias a revelar su verdadero porqué.

• La gente puede no saber su verdadero porqué porque nunca pensó en ello (tuvo las agallas de pensarlo, tuvo el valor de afrontarlo).

• El verdadero porqué puede estar detrás de la necesidad declarada. Algo que realmente necesitan conseguir, algo que odian, aman o les apasiona.

• El verdadero porqué solo sale a la superficie con el uso adecuado de la tercera parte:

Por qué preguntar: Las preguntas son el corazón de las ventas.

Para conocer el verdadero porqué del cliente potencial, hay que formular las preguntas adecuadas. Preguntas que consigan que el prospecto responda sobre sus deseos expresados en sus intereses o necesidades. Házles preguntas sobre ellos (su porqué) y consigue que respondan lo concerniente a lo que te importa a ti (tu por qué).

El *"porqué"* es el elemento interrogativo de la venta que conducirá a otras vías de información, si se pregunta correctamente.

El *porqué* te lleva a todas las respuestas que necesitas para completar una venta, definir las expectativas y forjar una relación.

El *"porqué"* llega a las verdaderas razones de la venta, las tuyas y las de ellos.

Estrategia de ́éxito: Planifica previamente tus preguntas. Ten una lista a mano para consultarla en todo momento. Prueba tu capacidad de reacción y de respuesta.

Las tres palabras más importantes en ventas, *tú* y *por qué* forman parte de una fórmula que todo vendedor debería llevar grabada en el alma: *tú + por qué = ¡sí!*

> *"La mayor razón por la que la gente no*
> *tiene éxito es porque no se expone a la*
> *información existente".*

> – Jim Rohn, filósofo empresarial estadounidense

12,5 Principios
del aprendizaje de toda la vida

Califícate en la caja de la izquierda de cada principio.

(1=deficiente, 2=medio, 3=bueno, 4=muy bueno, 5=el mejor)
(1=nunca, 2=raramente, 3=a veces, 4=frecuentemente,
5=siempre)

☐**1. Empieza con una actitud positiva**... aprende cómo
conseguir una. Reúne información acerca de personas
positivas en tu biblioteca.

Napoleon Hill	Maxwell Maltz	W. Clement Stone
Dale Carnegie	Wayne Dyer	Earl Nightingale
Norman Vincent Peale		Jim Rohn

☐**2. Escucha grabaciones en audio.** Ten varias series y escúchalas
en tu auto.

☐**3. Lee libros.** Construye tu biblioteca, un libro (por mes) a la
vez.

☐**4.** Asiste a seminarios en vivo. Cuantas veces que puedas
financieramente, con la mayor frecuencia que puedas.

☐**5. Únete a Toastmasters.** 90 minutos de charlar y
autoevaluaciones cada semana.

☐**6. Grábate hablando.**
Un ritual semanal.

SIGUE SIENDO ESTUDIANTE…

Si quieres ser rico, estudia la riqueza y júntate con gente rica. Lo mismo corresponde a si quieres ser un gran vendedor, un gran comediante, o si quieres ser excelente padre. El elemento del estudiante, el elemento del mentor, el elemento de la actitud, y el elemento de ser egoísta … todos juegan una parte vital en este proceso.

☐7. **Grábate leyendo.**
Un ritual semanal.

☐8. **Grábate vendiendo.**
Un ritual semanal.

☐9. **Graba tu anuncio comercial personal.**
Un ritual semanal.

☐10. **Graba tu propio juego de cintas de ventas.**
Hazte excelente en ventas y presentaciones a la misma vez.

☐11. **Escucha tus propias cintas grabadas tanto que escuchas a otros.**

☐12. **Pasa 30 minutos al día aprendiendo algo nuevo.**

☐12,5. **Practica lo que has aprendido tan pronto que los hayas aprendido.**

Puntuación

65-70 = ¡GUAU!

59-64 = Está bien

21-58 = ¡Consigue ayuda!

0-20 = Comienza tu vida de nuevo

Implementa la Regla de "Cuanto *más...más*".

Ámalo o déjalo. Cuanto más te guste, más venderás. Cuanto más te prepares para la venta, más venderás. Cuanto más te lo creas, más venderás. Si tu autoestima no está por las nubes, ¿para qué molestarte?

Cuanto *Más* veas la televisión, *Más* la competencia te ganará.

¿Qué se requiere para ser el número uno? ¡Y permanecer allí!

Llamé a Bob Higgins, director de ventas de la región sureste de Cintas (La gente de uniformes) y le pedí entrevistar a su MEJOR vendedor. "Jeffrey, eso es fácil", dijo Bob con orgullo.

"La mejor vendedora del sureste es también la mejor vendedora de la compañía, y lo ha sido los últimos tres años. Se llama Terri Norris".

Le pedí a Bob que le pidiera a Terri que me enviara por correo electrónico sus diez mejores cualidades. Las que, en su opinión, "la hacían sobresalir". El correo electrónico llegó a la mañana siguiente (ninguna sorpresa) y empezaba así: "¡Hola Jeffrey! Cuando Bob Higgins me pidió que te llamara con mis '10 mejores cualidades' me dije: "¡Qué! ¿Solo 10?". Bueno, si Solo puedo darte 10, aquí están...".

Dicho con el orgullo personal y la confianza en sí mismo de un "número uno". Todos los vendedores son diferentes, con una excepción: todos quieren hacer la venta. Así que, cuando leas esta lista, ten en cuenta que estas cualidades pueden no ser las que tú quieres conseguir o dominar. Eso depende de ti. Te las presento porque Terri Norris, de Atlanta, es la vendedora número uno de un equipo de más de mil personas, y no lo ha conseguido por casualidad. Así que pensé que te interesaría saber cómo piensa y actúa una ganadora.

He aquí, en sus propias palabras, las diez principales cualidades y características que hacen de Terri Norris la número uno.

1. Una actitud positiva contagiosa. Creo que he sido bendecida y que en mi vida ocurrirán cosas positivas. Porque creo que me sucederán cosas positivas, ¡me suceden!

2. Entusiasmada ante la perspectiva de ayudar a los demás. Sinceramente atento. Cuando tengo citas, quiero ayudar a mis posibles clientes a resolver un problema, obtener un mejor servicio, aumentar la productividad, etc. Creo que pueden percibir que quiero ayudarles y no "venderles algo".

3. Segura de sí misma, no arrogante. Confianza en mí misma. Sé que puedo conseguir cualquier cosa que decida y por la que esté dispuesta a trabajar duro. Creo en mí misma y en mis capacidades. Mi lema personal es "Pueden quienes creen que pueden. Creo que puedo".

4. Me agrada la gente y yo les caigo bien a ellos. Le caigo bien a la gente enseguida. No soy una amenaza para ellos. Y no me ven como "vendedora". Puedo relacionarme con la gente, con TODA la gente. No intento catalogar a la gente; solo intento que me caigan bien.

5. No limitarme a ser "inteligente en base a los libros". Ser capaz de evaluar y resolver problemas del mundo real. Ser capaz de priorizar y decidir a qué cosas (prospectos) dedicar tiempo y a cuáles no. Trabajar más inteligentemente, no más duro.

6. Si no me divierto, ¿qué sentido tiene? A menudo me han descrito como "alguien que se divierte con facilidad". Creo que es una de mis mejores características. Encuentro alegría en casi todo.

7. Hago todo con toda mi fuerza. Sudo cuando trabajo y sudo cuando bailo. El 110% es el mínimo aceptable. Si algo merece la pena, le doy todo lo que tengo.

8. Integridad tácita. Visiblemente honesta. Intento ser honesta y ética en todo lo que hago. Creo que ser digna de confianza y honorable es una fuerte declaración de carácter. Intento cumplir siempre mis promesas. Espero que mi palabra signifique algo para los demás, porque para mí significa TODO.

9. Me concentro en los detalles sin dejarme atrapar por ellos. Más que organizado. El detalle es vital para mi éxito. Suena minúsculo, pero es ENORME. Mantengo las cosas en orden para poder funcionar sin errores. Intento no malgastar tiempo ni energía intentando encontrar las cosas dos veces o recogiendo balones perdidos.

10. Soy feliz como una niña por dentro. Tengo el entusiasmo de una niña de 2 años con un título universitario y una tarjeta de visita. Soy la eterna animadora de mí misma y de los demás. Quiero que gane todo el mundo (excepto mi competencia).

Entrevisté a Terri en la conferencia de ventas de Cintas Southeast. Además de ser una joya de persona, su entrevista produjo varias joyas verbales. Aquí están algunas más para que pienses y disfrutes.

- Mi actitud siempre es positiva.

- Creo una buena relación para que el cliente potencial sienta que está en mi casa y que puede ir a mi nevera y tomar una Coca-Cola (o una Coca-Cola light, mi favorita) sin pedir permiso.

Entonces le pregunté si había alguna característica que destacara por encima de las demás. "Soy Gomer Pyle, simpática, sincera y creíble". Lo dijo con orgullo.

¡Vaya! No me extraña que sea la número uno.

Bit rojo gratis: ¿Quieres más sabiduría de la número uno? He preparado una lista de las joyas y filosofías de ventas de Terri Norris extraídas de nuestra entrevista. Filosofías y estrategias ganadoras. ¿Las quieres? Visita www.gitomer.com/redbook, descarga *The Very Little Book of Red Bits* y busca NORRIS.

Algunos de ustedes
están leyendo esto y diciendo,
"Jeffrey, no me molestes
con estas cosas de filosofía,
dime cómo hacer ventas".

Es lo que estoy haciendo.

Esta es la lección de ventas
más poderosa que puedo dar.

Solo unos pocos la entenderán...
los que llegarán a la cumbre.

Este libro no tiene final ...

No has llegado al final del libro. Has llegado al final de tu primera lectura del libro. *El pequeño libro rojo de las ventas* no es algo que se lee y se guarda en la estantería. *El pequeño libro rojo de las ventas* es para leerlo y releerlo. Por eso puse ROJO en el título.

Si escuchas una canción en la radio y te gusta, quieres escucharla otra vez. Si la oyes cinco veces, puedes cantarla. Si la oyes diez veces, puedes cantarla solo. Lo mismo ocurre con este libro. Si quieres ser el maestro, diez veces es la clave.

Cuando empecé a estudiar actitud, *Piense y hágase rico* de Napoleón Hill era nuestra biblia. Teníamos que leer un capítulo cada día. Como solo hay 15 capítulos, significaba que cada tres semanas completábamos el libro. Hice esto durante un año. Leí el libro aproximadamente 15 veces. En realidad, no leí el libro, lo hice mío. Y fue mi luz de guía hacia una actitud positiva permanente. ¿Fue una tontería? No lo sé, mis amigos de entonces pensaban que sí. Todavía tienen actitudes negativas.

Este no es un libro para leer, es un libro para estudiar. Es un libro para poner en práctica. Es un libro para hablar de él. Este es un libro para ser puesto en tu vida de ventas. Hay demasiado contenido aquí para que lo leas una vez y lo guardes y digas buena lectura. Si lo lees diez veces serán grandes ventas, gran actitud, gran creatividad, grandes relaciones, gran cuenta bancaria, gran vida.

Si no dominas cada
principio rojo,
retrocede y
estudia cada uno.
Si no dominas cada
principio rojo,
retrocede y
haz un plan de juego
para cada uno de ellos.
Si no dominas cada
principio rojo,
avanza e implementa
cada uno de ellos.

Jeffrey Gitomer
Rey de las ventas

Definición de Gitomer s. 1. Escritor y conferenciante creativo y vanguardista cuyos conocimientos sobre ventas, lealtad del cliente y desarrollo personal gozan de fama mundial; **2.** Conocido por sus presentaciones, conferencias divertidas, perspicaces y francas; **3.** del mundo real; **4.** fuera de lo normal; **5.** acertado financieramente; **6.** da al público información que pueden implementar un minuto después de terminar el seminario y convertirla en dinero. Es el rey de las ventas.

AUTOR. Jeffrey Gitomer es el autor de los libros más vendidos del New York Times *The Sales Bible (*La Biblia de las ventas), *The Little Red Book of Selling* (El pequeño libro rojo de las ventas), *The Little Black Book of Connections* (El pequeño libro negro de las conexiones) y *The Little Gold Book of YES! Attitude (*El pequeño libro de oro de la actitud ¡SÍ!). La mayoría de sus libros han sido número uno en ventas en Amazon.com, incluyendo *Customer Satisfaccion is Worthless, Customer Loyalty Is Priceless* (La satisfacción del cliente no vale nada, la lealtad del cliente no tiene precio), *The Little Red Book of Sales Answers* (El pequeño libro rojo de las respuestas sobre ventas), *The Little Green Book of Getting Your Way* (El pequeño libro verde de cómo salirse con la suya), *The Little Platinum Book of Cha-Ching!* (El pequeño libro platino del cha-ching), *The Little Teal Book of Trust* (El pequeño libro azul turquesa de la confianza), *The Little Book of Leadership* (El pequeño libro del liderazgo), *The 21.5 Unbreakable Laws of Selling* (Las 21,5 leyes inquebrantables de las ventas), *The Sales Manifesto*, (El manifesto de ventas), *Get Sh*t Done*, (Haz lo necesario), *Go LIVE* (¡Vaya en Vivo!). Los libros de Jeffrey han aparecido más de 500 veces en las principales listas de los libros más vendidos y han vendido millones de ejemplares en todo el mundo.

MÁS DE 3000 PRESENTACIONES CORPORATIVAS. effrey imparte seminarios corporativos públicos y personalizados, dirige reuniones anuales de ventas e imparte programas de capacitación en directo y virtuales sobre ventas, la actitud ¡SÍ!, confianza, lealtad del cliente y desarrollo personal. Ha impartido más de 3.000 seminarios corporativos.

VENTAS EN LÍNEA, CAPACITACIÓN EN EL DESARROLLO PERSONAL Y COACHING. Su "Sales Mastery Program" ("Programa de dominio en Ventas") se ha convertido en el lugar de referencia para contenidos de ventas, coaching y comunidad. Contiene información práctica sobre ventas, estrategias e ideas de Jeffrey, que comienza con una evaluación basada en las habilidades y luego ofrece un curso de certificación interactivo. Se trata de una motivación y un refuerzo continuos para ayudar a los vendedores a aprender más para ganar más. Ir a Gitomer.com/mastery

SALES CAFFEINE (Cafeína de ventas). El boletín semanal gratuito de Jeffrey, *Sales Caffeine,* es una llamada de atención que se envía cada martes por la mañana a más de 250.000 suscriptores. Puede suscribirse en www.gitomer.com/sales-caffeine.

DIRECTO DIARIO EN LAS REDES SOCIALES. Durante la pandemia, Jeffrey se comprometió con sus seguidores a salir en directo todos los días y ofrecer inspiración e información con el propósito expreso de ayudar a los vendedores a sobrellevar la situación, recuperarse y emerger como ganadores. Completó 734 días de emisiones consecutivas (¡gratis!).

PODCAST SELL OR DIE (Vender or Morir). Jeffrey y su esposa, Jennifer Gitomer, comparten sus conocimientos sobre ventas y desarrollo personal en su podcast semanal, *Sell or Die.* Con más de 3 millones de descargas, *Sell or Die* ha establecido el estándar para los podcasts de ventas y ha sido una importante fuente de ingresos durante los últimos 5 años. Sintonízalo en iTunes o en tu aplicación de podcasts favorita; sólo tienes que buscar *Sell or Die*.

PREMIO POR LA EXCELENCIA DE SUS PRESENTACIONES. En

julio de 1997, la Asociación Nacional de Oradores le concedió el título de "Certified Speaking Professional", (Profesional Certificado de la Oratoria) (CSP). El premio CSP se ha concedido menos de 500 veces en los últimos 25 años y es la designación más alta de la asociación.

SALÓN DE LA FAMA DEL ORADOR. En agosto de 2008, Jeffrey

ingresó en el Salón de la Fama de los Oradores de la Asociación Nacional de Oradores. La designación CPAE (Counsel of Peers Award for Excellence) honra a los oradores profesionales que han alcanzado el máximo nivel de excelencia en el desempeño. Cada candidato debe demostrar su dominio en siete categorías: originalidad del material, singularidad del estilo, experiencia, entrega, imagen, profesionalidad y comunicación. Hasta la fecha, 191 de los mejores oradores del mundo han sido admitidos, entre ellos Ronald Reagan, Art Linkletter, Colin Powell, Norman Vincent Peale, Harvey Mackay, Jim Rohn, Earl Nightingale y Zig Ziglar.

Reconocimientos y agradecimientos

A Ray Bard por su gran idea, excelente persistencia y total apoyo a lo largo del camino. Las palabras "editor honesto" son muy raras de encontrar combinadas. Pero en el diccionario dirían, véase también: Ray Bard.

A **Greg Russell** por su gran diseño gráfico, por su duro trabajo a horas intempestivas y, en general, por su excelencia en el gusto y el rendimiento.

A **Mike Sakoonserksadee** por el diseño de la portada. Michael tiene paciencia y buen ojo para lo que funciona.

A **Dave Pinski** por el paisaje urbano en espiral. Dave acertó a la primera y creó la definición definitiva de un vendedor. Subidas y bajadas en la interminable escalera de caracol en primera línea de la ciudad donde no pasa nada hasta que se hace una venta.

A **Mike Wolff** por la continua excelencia en el diseño.

A **Lisa Elmore** que ha sido testigo de todo el recorrido del libro rojo y ha ayudado a detallar cada paso del camino.

A **Josh Gitomer** por la excelencia en el diseño para ayudar a construir la marca.

A **Erika Gitomer Abrams, Stacey Gitomer Caplen y Rebecca Gitomer Grodowsky,** las hijas que todo padre desearía tener. Gracias por años de duro trabajo en el negocio familiar y por el "apoyo de papá" que nunca podré agradecer lo suficiente.

A **Gabrielle Gitomer.** Eres la escritora de la próxima generación. A

Jennifer Gitomer, mi compañera, mejor amiga y esposa. Gracias por tu intelecto, dedicación, espíritu y apoyo (y edición). Somos el equipo que siempre había anhelado.

A **Dave Wildasin** y **Nate Martin**. Buy Wisdom es el futuro.

Para las personas ausentes que siguen proporcionando inspiración desde el cielo. En el interminable y amoroso recuerdo de **Max** y **Florence Gitomer**. Los echo de menos cada día.

Si no intervienen otros factores, la gente quiere hacer negocios con sus amigos. Aunque intervengan otros factores, la gente sigue queriendo hacer negocios con sus amigos.

—*Jeffrey Gitomer*
El rey de las ventas

Si haces una venta,
puedes ganarte una
una comisión.

Si haces un amigo,
puedes ganarte
una fortuna.

—Jeffrey Gitomer
El rey de las ventas

No llegas a ser excelente
en las ventas en un día.
Llegas a ser excelente en
las ventas día a día.

—*Jeffrey Gitomer*
El rey de las ventas

Todo lo que hagas
en la primera hora
de tu día determina
el resultado
del resto del día.
Empieza por leer, escribir,
prepararte, pensar y crear.
Todos los días.

—Jeffrey Gitomer
El rey de las ventas

Si lo haces bien,
sobrevivirás.
Si lo haces bien
y ahora mismo,
florecerás.
Si lo haces bien
con valor,
y lo haces ahora mismo,
prosperarás.

—Jeffrey Gitomer
El rey de las ventas

La principal razón por
la que los vendedores
fracasan
o sólo alcanzan un nivel
de mediocridad,
es que no se
concentran en
el RESULTADO
del cliente,
sólo se enfocan en sus
propios INGRESOS.

—*Jeffrey Gitomer*
El rey de las ventas

Si quieres crear riqueza,
primero crea
una riqueza de
conocimiento.

—*Jeffrey Gitomer*
El rey de las ventas

Averigua dónde está tu
mensaje de valor
con respecto a la percepción
que tienen de él sus clientes
y su disposición a recibirlo.
Luego haz lo que el 95% de
los vendedores no hacen:
Trabaja lo más duro que
puedas.
Hoy mismo.

—*Jeffrey Gitomer*
El rey de las ventas

Convierte el ROJO en VERDE.

El pequeño libro rojo de las ventas está disponible como parte de un proceso de aprendizaje combinado. Esto te permitirá junto con tu organización tomar estos 12,5 principios de la grandeza de las ventas y hacer que cobren vida en tu empresa.

El paquete de capacitación de *El pequeño libro rojo de las ventas* contiene:
guías para el facilitador, cuadernos de trabajo para los participantes, apoyo multimedia, guías de trabajo, y refuerzo de e-laprendizaje.

Llama al 704.333.1112 y grita: "¡Más rojo!".

Otros libros por
Jeffrey Gitomer

The Sales Bible

Customer Satisfaction is Worthless,
Customer Loyalty is Priceless

Little Red Book of Selling

Little Red Book of Sales Answers

Little Green Book of Getting Your Way

Little Gold Book of Yes! Attitude

Little Platinum Book of Cha Ching

Little Book of Leadership

Little Black Book of Connections

Little Teal Book of Trust

Sales Manifesto

21.5 Laws of Unbreakable Selling

Get Sh*t Done

Go Live!

Truthful Living:
The First Writings of Napoleon Hill
Annotated by Jeffrey Gitomer